MAESTRÍA SOBRE INVERSIÓN EN LA BOLSA DE VALORES Y FOREX

LA GUÍA DE INICIO RÁPIDA PARA PRINCIPIANTES PARA GANAR DINERO CON ESTRATEGIAS AVANZADAS DE TRADING AL DÍA. DESCUBRE LA PSICOLOGÍA SECRETA DEL TRADING PARA CREAR RIQUEZA, Y RETIRARSE SIENDO MILLONARIO

ÍNDICE

MAESTRÍA SOBRE INVERSIÓN EN LA BOLSA DE VALORES

LA GUÍA DE PRINCIPIANTES PASO A PASO PARA CONSTRUIR INGRESOS PASIVOS EN MENOS DE 20 HORAS (O MENOS) POR AÑO. DESCUBRE LAS ESTRATEGIAS PROBADAS PARA OPERAR TODO, DESDE ACCIONES PENNY, HASTA ACCIONES DE BLUE CHIP Y FOREX, Y RETÍRESE SIENDO MILLONARIO

INTRODUCCIÓN

Mi estimado lector, quiero ante todo darte la bienvenida, este trabajo surge ante la evidente necesidad que muchos tenemos en la vida de iniciar en el mundo del emprendimiento, y es que la verdad de esto es que muchas personas, tanto hombre como mujeres de la actualidad, estamos embargados por el deseo de salir adelante en relación a la vida financiera.

Por ello es que quiero hablarte sobre el negocio de comercio de acciones, basado en la experiencia personal que he obtenido tras ingresar en este mundo, quiero darte a oportunidad de ingresar en uno de los negocios más rentables en el mundo de las finanzas.

Pero cuando se trata de inversión un sentimiento de confusión puede surgir en la vida de muchos ante el hecho puntual de no saber en dónde iniciar una nueva vida financiera, en consecuencia suelen suceder muchas cosas que quiero describir ahora mismo.

Lo primero que puede pasar ante la aparición de este deseo, es que se caiga en el error de poner en peligro todo su capital haciendo inversiones algo desesperadas por el enorme deseo que hay de ingresar en el mundo de los negocios.

Es justo de esta manera que muchas personas han llegado a cometer enormes errores en este sentido, la impaciencia puede ser el peor enemigo de la superación financiera, por esto es que hacer negocios en el momentos difíciles es sumamente peligroso.

No deja de ser cierto que la crisis es uno de los mejores ingredientes para que surjan maneras muy creativas de hacer negocios, pero también es verdad que hacer negocios porque hay presión financiera puede llevar a cometer errores muy dañinos, por ejemplo:

- Falsa perspectiva de la realidad

- Emprender basado más en un estado emocional que en una condición objetiva
- Iniciar un negocio en un área para la que no se cuenta con ningún conocimiento

Y así como esos ejemplos puede que exista una lista muy larga, no obstante, hay otro escenario y este es el mejor: que te encuentres con la oportunidad de inversión que habías estado esperando que cumpla con los propósitos y anhelos personales de tu vida.

El camino del emprendimiento es muy grande, invertir es algo realmente apasionante que cuenta con un numero amplio de oportunidades, pero tal y como mencioné antes, es difícil decidir entre tantas opciones cuál camino tomar a la hora de emprender, en ese sentido es necesario evaluar cuáles serían las características primordiales que necesita tener un mundo de emprendimiento, para sentir la garantía que la dirección de dicho emprendimiento sea la correcta:

- El primer ingrediente que requiere un emprendimiento para que sea atractivo es que te brinde no solo libertad financiera, sino libertad humana
- Debe ser lo suficientemente productivo

como para que se convierta en la única
actividad laboral en tu vida, sin que
represente un riesgo potencial para la
seguridad financiera familiar como personal

- El emprendimiento debe brindarte un nivel
muy alto del retorno de tu inversión y ante el
peligro que pueda haber (que siempre lo
habrá) y a la hora de llevarlo a cabo puedas
sentir la seguridad que cuentas con la
posibilidad de recuperación de o reembolso
de tu capital

Cada una de las características que acabo de
mencionar toma un rumbo en una dirección, "el
comercio de acciones", justamente hablar de libertad
financiera pero a su vez de libertad como humano es
algo que se puede llevar a cabo por medio de la
inversión en mercado de valores, es este un modelo
de negocios que te brinda la posibilidad de hacer
negocios de una forma fácil, con la ventaja de
obtener un nivel de ingreso que pueda ser suficiente
como para ser considerado como un negocio
rentable.

Desde luego es fácil que surja la pregunta ¿cómo
ingresar en un mundo de negocio tan cerrado?, de
eso trata este volumen, de hacerte entender cómo es

que el comercio de acciones paso de ser un estructura de negocios que solo podía manejar una elite determinada en el mundo de la inversión en bolsa, y se convirtió en uno de los negocios rentables con mayor accesibilidad de todos los tiempos.

Es que efectivamente toda aquella vieja estructura de negocios cambió, ver desde cerca el mundo en la actualidad puede resultar verdaderamente sorprendente, todo el cambio, toda la vuelta que este ha dado es una verdadera sorpresa para muchos, pero este volumen va a aclarar todo este asunto.

Por esta misma razón es que a partir del primer capítulo vamos a dar un buen recorrido aunque de manera muy puntual por la historia de este mundo de negocios, vamos a descubrir cómo fue que esto pasó de ser una simple expresión de intercambio llevada a cabo en las sociedades medievales, a convertirse en una de las instituciones comerciales más sólidas de todos los tiempos, que ha ido de forma exitosa transformándose en todo el proceso evolutivo de la historia, y esta evolución no ha llegado a su fin, sino que en la modernidad sigue dando pasos agigantados.

Todo este proceso y toda la evolución que te estoy mencionando ha sido la causa y origen por la que el negocio del mercado de acciones en uno de los negocios más rentables de la modernidad al que puedes tener acceso de manera sencilla, y no es que desempeñarlo sea sencillo, (aunque tampoco algo que requiera de un posgrado en economía y finanzas), pero lo que quiero demostrar en este momento es que todo el proceso histórico y evolutivo por el que ha atravesado este negocio nos ha brindado la enorme ventaja de tener a nuestro alcance uno de los mejores y más rentables negocios del mundo al alcance de nuestras manos.

Seguidamente me he dado la tarea por hacer un despeje muy detallado respecto a lo que es las acciones, en el capítulo dos vas a encontrar una guía muy clara y detallada sobre este asunto, reza un viejo adagio "zapatero a su zapato" y desde luego que es algo lógico, cualquiera sea el nicho en el que desees trabajar una de las primeras acciones y sin duda la más importante es el conocimiento lo más amplio posible sobre el tema que vas a manejar, en nuestro caso la materia prima, el producto principal a través del que vamos a percibir ganancias será por medio de las acciones, entonces no se diga más, hay que ampliar nuestros conocimientos sobre esto.

Es que al hablar de acciones solo se nos puede venir

a nuestra mente una idea muy genérica sobre ello, "sencillamente una figura legal de intercambio en la que le doy mi capital a un empresario para que invierta y este me retribuya el préstamos con ganancias de la empresa". Muy bien, no está mal esta idea, pero hay que ser muy sensatos no llega hasta ahí, hay cientos de detalles que saber y conocer respecto al mundo de las acciones, los tipos de acciones, las condiciones que puedan surgir respecto a esas acciones y mucho más.

En el capítulo número tres te haré un maravilloso regalo, se trata de una lista detallada en la que te voy a explicar paso a paso las razones que hacen que el negocio del mercado de valores sea una de las mejores opciones de negocio para tu vida, no se trata de razones subjetivas ni emocionales producto quizás de algún tipo de fanatismo que alguien pueda desarrollar al enamorarse de algún tipo o modelo de negocios, por el contrario las razones que vas a encontrar en este capítulo se trata de razones claras y objetivas que te ayudarán a ver más de cerca este negocio y las bondades que este posee para ti.

Seguido a todo lo anterior vas a conseguir toda la información que se precisa en la dirección sobre cómo es que se puede acceder, ahora viéndolo desde una perspectiva técnica en el mundo del comercio de acciones, te llevaré paso a paso a conocer cada una de las plataformas que serán la puerta de acceso a este mundo de negocios, desde luego, cuando estoy diciendo "cada una de las plataformas" hay que entender que se trata de las plataformas seguras, ya que tal como te lo explicaré en ese capítulo, hay que considerar con mucho cuidado los distintos bróker que hay en el mercado, y desde luego hay ciertos trucos para poder reconocer cuando una plataforma es segura y cuando no.

En definitiva, te voy a llevar de la mano a conocer los riesgos que puede tener ingresar en este mundo de negocios, y darte toda la orientación que necesitas para ingresar a un mundo que de seguro será provechoso pero siguiendo los distintos consejos que aquí vas a encontrar, en esa dirección estará enfocado los últimos capítulos.

Por lo pronto quiero decirte que te encuentras ante un volumen que va a resultar amigable, didáctico y muy práctico, si has querido adentrarte en este negocio, has encontrado la guía que estabas buscando, sigue leyendo con mucha dedicación y disfruta de todo lo que trae para ti "Comercio de acciones: Una guía fácil para nuevos inversionista"

1

MERCADO DE ACCIONES: CÓMO FUNCIONA

Lo primero que deseo es hacer un acercamiento amistoso entre tú y el mercado de acciones, ya sabemos que este negocio naturalmente había sido un tema que se encontraba al alcance solo de aquellos que hacían vida en las grandes capitales del mundo, y por ende los que no contaban con esas característica no tenían más acceso que aquel que le brindaba el canal de noticias en la sección de economía.

Sin embargo esto ha cambiado, hoy por hoy solo requieres algo de tiempo para ampliar las nociones sobre este mundo tan productivo de negocios, una buena computadora y una conexión a internet, para comenzar a formar parte de un universo que te brinda la posibilidad de convertirte en todo un inversionista y ganar dinero desde la comodidad de tu casa.

Pese a todo lo anterior quiero evitar que se considere esto como algo frívolo, es importante darle el valor que en realidad tiene este asunto, uno de los mayores errores que muchos suelen cometer es creer que con tan solo ver un par de videos tutoriales es suficiente para convertirte en el maestro de las inversiones y el mercado de valores.

Esto es un verdadero peligro, ya que no estamos hablando de que puedas perder algo de tiempo intentando hacer un nuevo hobby (aunque ya el solo perder tiempo representa un recurso realmente valiosísimo), estamos hablando de tu dinero, para algunos puede representar un extra que pondrán en juego en su economía personal, pero para otros puede tratarse de todos sus ahorros.

Por lo que este tema requiere que se le considere con la seriedad que el caso amerita, y esto por una razón fundamental, hablar de mercado de acciones puede resultar que estemos hablando del tema que cambiará para siempre tu vida financiera.

Cómo inicia la bolsa de valores

Poder hacer un recuento cronológico sobre este

modelo de negocios puede que sea un esfuerzo que no llegue a un fin claro, es seguro que la historia puede remontarse quizás a la más tardía historia de la humanidad en la que el intercambio de bienes comenzó a utilizarse como medio para suplir las necesidades básicas de los seres humanos, no obstante, seguir el rastro de este sistema de negocios como institución si es posible.

Todo comenzó de acuerdo a la reseña que hacen algunos historiadores a mediados del siglo XV en los países del oeste de Europa, donde se realizaban las ferias medievales, mismas donde se comenzó a llevar a cabo transacciones de títulos de propiedades y todo tipo de valores de carácter mobiliario.

Ahora bien, el término propiamente de "bolsa" tuvo su origen en la ciudad belga conocida como brujas posiblemente a finales del siglo XVI, dice la historia que los comerciantes se reunían en un edificio que resultó ser propiedad de la familia Van der Büerse, palabra última que posiblemente sea la que le confiera el nombre de bolsa a las operaciones, otros aseguran que el término bolsa de valores puede deberse al hecho del escudo que se encontraba en la entrada del recinto, en la que tenía como diseños tres bolsas de piel, esto porque justamente eran este tipo de herramienta la que se utilizaba como medio para transportar el dinero por aquellos años.

Para el año 1460 aproximadamente, se funda entonces la bolsa de valores de Amberes, que sería entonces de manera oficial la primera institución de carácter mercantil tal y como lo conocemos en la actualidad, más tarde se fundaría la bolsa de valores de Londres y la de Francia, que constituyen hasta la actualidad unas de las instituciones de carácter bursátil más importante del momento.

Pero si de institución bursátil relevantes se trata, indudablemente hay que mencionar una de las más famosas del mundo moderno, tal como lo es la bolsa de Nueva York, pese a que puede resultar una de las más recientes (en base a la cronología que estoy haciendo), se puede asegurar que es la institución de venta de valores más importante de la actualidad.

Claro que no es la única, podemos mencionar bolsas de ciudades como Tokio, Hong Kong, Fráncfort, Bruselas, Milán entre otras, que también tienen un nivel de importancia enorme en función de los trabajos que se realizan en el mundo del mercado de valores.

¿En qué consiste el mercado de acciones?

Ya hemos visto una breve reseña de cómo comenzó todo esto, es realmente impresionante ver toda la evolución por la que ha a travesado, y pensar en lo que fue y lo que ahora es, me hace reflexionar muchas veces en la idea de hacia dónde estará caminando el mundo de la bolsa en el futuro cercano, pero más allá de ello quiero hacer un alto en este momento para que podamos centrarnos en todo lo referido a la inversión, a lo qué significa adentrarse en el comercio de acciones, cómo funciona, de qué se trata, para así tener una mejor visión sobre el mismo.

Me gustaría usar una analogía muy sencilla que puede ayudar a ver de forma más fácil y práctica todo este asunto, antes que cargarnos con un montón de teorías que si bien puede que sean necesarias en algún momento, justo ahora puede prestarse más para confusión que otra cosa, de manera que veámoslo de forma sencilla en este momento para luego hacerlo ya un poco más técnico.

Imaginemos que Carlos tiene una tienda de repuestos para computadoras en su ciudad natal, su negocio ha sido muy próspero y ha marchado de maravilla hasta el momento, en tres años de negocios los resultados en términos de ganancia han sido grandiosos, por lo que este decide que quiere montar una nueva sucursal de su negocio en la principal ciudad de su departamento, sin embargo, tras ver los costos que requiere esta nueva inversión (y en base desde luego a sus aspiraciones) resulta que su capital es insuficiente, las opciones para lograr sus objetivos puede que no sean muy amplias.

La primera opción que puede tener Carlos es la de endeudarse con el Banco, pero ¡vamos! A nuestro amigo Carlos no le va muy bien la idea de endeudarse, por lo que recurre al plan "b", un socio, así que German se une a Carlos aportando el capital que requiere para su nuevo negocio y esto va muy bien, a la vuelta de una par de años el negocio se ha vuelto tan popular y tan productivo como el primer negocio de Carlos.

Desde luego las ganancias ahora no pertenecen solo a Carlos, sino que German tiene una participación directa de las ganancias, pero ahora German y Carlos han visto la popularidad que ha logrado alcanzar el negocio de repuestos para computadoras y deciden que es momento de dar el salto para convertirse en la empresa distribuidora de repuestos para computadora más grande del país, pero la verdad es que ni aun los ahorros de ambos socios juntos cubre los gastos que se requieren para lograr la meta, así que se planifican una estrategia, es momento de abrir la participación a todas las personas que quieran invertir en el negocio, de manera que se divide el costo de lo que se requiere para el negocio por cantidades de acciones que serán las que, tras ser vendidas generarán el dinero que se requiere para la inversión,

Así es como se abre la oferta y todos los interesados de invertir y participar en un porcentaje de las ganancias de la distribuidora de repuestos para computadoras compran sus acciones.

Ahora bien, las ganancia de este tipo de inversiones las obtienes cuando se pagan los dividendos por las acciones, sin embargo hay otra manera de ver el tema de la ganancia, sigamos con el ejemplo anterior.

Todo el que quiso participar del negocio compró sus acciones, pero Juan se enteró un poco tarde de esta oportunidad, y cuando quiso adquirir la suya no había oportunidad, de manera que se quedó sin su participación, la opción que surge como consecuencia de este deseo de Juan por participar en el negocio al igual que muchas personas como él, es que se abre el mercado de valores, quien la tiene puede jugar con el precio del mercado y ante la alta demanda que hay de títulos, se comienza a dar el factor de especulación de las acciones, en el que los dueños de las mismas pueden aumentar el valor y así adquirir una ganancia rápida de la inversión que realizaron.

Esta analogía que acabo de realizar sirve para tener una visión a groso modo de cómo es que funciona el mercado de valores, claro, se trata de un ejemplo que refleja este negocio de una forma muy genérica, existen un numero enorme e importante de detalles que hay que considerar, pero para eso he preparado todo este estudio, para despejar todas las incógnitas que puedas tener en relación al mercado de acciones, y puedas hacer negocios de forma segura cuando finalmente estés listo para hacerlo.

Características principales del mercado de Valores

Vamos a ver ahora a qué me refiero cuando hablo del mercado de valores, cuáles son las características que definen este medio de negocios que estamos tratando en este momento. Lo que voy a mencionar en este momento son los términos que definen este modelo de mercado.

Dividendo

Esta es realmente la parte que todo inversionista desea una vez entra en el negocio de la compra de acciones, aunque no necesariamente representa la única manera de ganar por medio de este negocio, sin embargo, mientras las acciones sean de la titularidad de una determinada entidad o persona, los dividendos que estos generen serán desde luego del goce y disfrute del titular de dichas acciones.

¿Pero qué son los dividendos?

Los dividendos son la cuota o parte de los beneficios que las empresas destinan para todos aquellos que han decidido invertir en la adquisición de las acciones, como forma de retribución por haber confiado en el proyecto que están apoyando con la adquisición sus acciones.

Pero es importante resaltar que no solo se trata del tema monetario, ya que el ser accionista de una empresa te da una serie de beneficios que trascienden más allá de lo económico, incluso en lo político.

En lo político me refiero de manera puntual a la oportunidad que tienen dichos inversores de participar en las decisiones que se vayan a tomar en relación a la empresa. En relación a lo económico me refiero básicamente a la posibilidad que he mencionado antes de participar en las ganancias que genere la empresa. En cuanto a la repartición de los dividendos es necesario resaltar que no siempre se reparten, de hecho son decisiones que se suelen tomar en junta, pero por regla general las empresas más pequeñas suelen reinvertir para aumentar la expansión de dicha empresa.

Son las empresas verdaderamente grandes y maduras las que suelen más que las anteriores repartir dividendos, por esta razón es que dichas acciones resultan muy apetecibles.

¿Cuántos tipos de dividendos existen?

Para poder hacernos una idea más clara en relación a los beneficios que estamos mencionando en este momento y que en el mundo del mercado de acciones se conoce como dividendo, vamos a evaluar cuáles son los tipos de dividendos que se consiguen en el mundo del mercado de acciones y cuáles son sus principales característica.

Dividendo Fijo: este tipo dividendo se trata de un importe variable una cuota fija que la empresa se ha comprometido pagar a sus accionistas sin necesidad de tomar en cuenta cuál sea el resultado de la actividad económica que este desarrolle.

Dividendo a cuenta: en este caso se trata de un acuerdo que la compañía hace de entregar una parte de los dividendos a los accionistas, incluso antes de percibir de manera tangible las ganancias que generará la actividad que dicha empresa esté realizando, dicho de otra manera es una especie de anticipo que la empresa da a sus inversionistas.

Luego de esta, se presenta otra figura que resulta estar ligado a este aspecto como es los dividendos complementarios, estos serían la parte final del dividendo a cuenta, es decir la culminación de la entrega de los dividendos que se inició en forma de anticipo.

Dividendo extraordinario: estos son los dividendos que se reparten a cada uno de los accionistas por conceptos de las ganancias extraordinarias que haya logrado la empresa.

Rentabilidad

Hablar de rentabilidad es hablar de la capacidad que una determinada organización financiera tenga para generar beneficios en función de la labor que esta venga realizando, y que tiene un impacto en todos aquellos que ha tomado la determinación de asumir una participación en la actividad económica que desarrolle dicha entidad por medio de las acciones adquirida, es el resultado directo de las planificaciones financiera que se obtienen tras un periodo de tiempo, si se cumplen las metas trazadas con el fin que se haya propuesto la empresa.

Se puede asegurar que hay rentabilidad entonces en el caso en el que haya una recuperación, en primer lugar del capital de inversión de dicha empresa, y desde luego de la ganancia que esta va a generar en el tiempo como producto de su actividad.

No obstante, hablar de rentabilidad requiere que haya una separación de las diferentes maneras que esta tiene de verse, en función del objetivo particular del que se esté tratando, en ese sentido se puede hacer una división de la siguiente manera:

Rentabilidad económica: Esto tiene que ver directamente con el beneficio propio de la organización, esto en relación directa a las inversiones que esta haya realizado, es una especie de comparación a través de puntos porcentuales entre la inversión que se haya llevado a cabo por dicha organización o empresa, y los resultados en términos de ingreso que esta, en forma general haya percibido por el trabajo realizado.

Rentabilidad financiera: A diferencia del término anterior, cuando se habla de rentabilidad financiera el enfoque que esto tiene va dirigido a la ganancia desde la perspectiva del inversionista, es decir se trata del beneficio que se obtiene como consecuencia de la inversión en acciones que se hizo en la empresa como tal.

Rentabilidad social: Este término se utiliza para hacer referencia a la ganancia no monetaria que dicha empresa está expresada de otra manera como por ejemplo el tiempo, la felicidad social, incluso el prestigio de esta empresa, esto desde luego se percibe en un ámbito más allá del plano económico.

Acciones

Pese a que sobre este tema estaré desarrollando todo un capítulo, es importante en este momento hacer a manera de introducción una definición sobre lo que es las acciones, desde luego que este es el punto central de todo este asunto, ya que la manera de poder entrar en la jugada del mercado de acciones será posible a través de esta figura, y ya desde hace rato que vengo hablando de ella, pero en sí ¿qué es una acción y como se accede a ella?

En este asunto quiero enfocarme en este momento,

ya que como bien he dicho, antes, acceder a una acción era un asunto solo de un grupo selecto, pero hoy por hoy existe la posibilidad de acceder a este mundo de inversiones desde cualquier parte del mundo casi por cualquier persona.

Dicho todo lo anterior aclaramos que una acción es un título emitido por una empresa u otro tipo de organización, este título representa una de las fracciones en las que se encuentra dividida el porcentaje del capital que dicha organización pretende utilizar como soporte financiero para ejecutar los trabajos realizados por el mismo, las acciones están divididas en parte iguales y brindan una serie de beneficios a los poseedores de las mismas tanto económicos como políticos dentro de la empresa en cuestión.

Diferencia entre una acción y un bono

Ambas figuras puede otorgar una serie de beneficios a quien lo adquiere, sin embargo, es importante hacer una diferencia entre el bono y la acción, para evitar cualquier confusión que pueda existir sobre este asunto.

En consecuencia decimos que en lo que respecta a los bonos solo confiere un derecho con cierto nivel de restricción sobre quien haya hecho dicha adquisición, el bono el otorga en realidad es el derecho en temas de crédito, en función de la empresa que lo está emitiendo, mientras que en el caso de la acción, tal como he mencionado antes, te convierte en dueño de la proporción representada de la empresa en la acción que estás adquiriendo.

En cualquier caso, como mencioné hace un momento, para tener un completo panorama sobre lo que son las acciones y los diferentes tipos de acciones que existen, en el capítulo que continua te daré todos los detalles necesarios sobre este asunto, por el momento quiero poder aclarar cómo es qué se puede acceder a una de estas acciones, considerando que no seamos expertos en el mundo de la bolsa de valores.

Cómo adquirir acciones

Esto es lo que nos va a ocupar el resto de este volumen, la manera más práctica de adquirir acciones y desde luego de forma segura, ya vimos que esto era un oficio que solo podían llevar a cabo personas que pasaban su vida dentro de un recinto en el que se daba todo este fenómeno de compra y vetas de acciones.

Pero esto no es algo que se convierta en la actualidad

en un obstáculo para invertir, ya que a través del mundo web, acceder a este negocio, bien sea desde tu computadora o celular, es algo perfectamente posible, ¿de qué manera? La forma es sencilla, se logra por medio de una plataforma que ha adoptado el nombre de bróker y sirve de intermediario entre una persona y la empresa, brindando la posibilidad de invertir desde tu casa o teléfono celular en el maravilloso mundo de la bolsa de valores.

De este modo vamos despidiendo el primer capítulo, a lo largo y ancho del mismo he despejado todo el camino principal que se requiere para poder dar una mirada más consciente a lo que se trata del mundo del mercado de acciones, tal como lo manifesté al comienzo de este volumen, la intención con la que desarrollaba este capítulo era quitar todo el bagaje que por falta quizás de información, o en otro caso por información mal dada o mal recibida.

Has visto así la historia de la bolsa de valores, y todo el proceso por el que pasó para llegar hasta nuestros días, y así nos encontramos con una manera o expresión de este mundo muy fácil de acceder, aunque no quiere decir que sea muy fácil de manejar, no obstante, aunque no es fácil, no es algo que debamos ver como un gigante, todo lo que se requiere es la información adecuada y algo de dedicación, así podrás hacer de este negocio un estilo de vida con el que puedes no solo ganar unos cuantos dólares, sino que si decides especializarte en este mundo de negocios, puedes conseguir de forma efectiva, la posibilidad de conquistar la libertad financiera con la que muchos soñamos.

2

TIPOS DE ACCIONES: ¿EN CUÁL DEBO INVERTIR?

El capítulo anterior dejó sentada las bases de todo este asunto, de hecho te hablé sobre el mercado de acciones y cuál es la forma en que esta funciona. Ha quedado claro que hay la posibilidad entonces para cualquier persona ingresar al mundo del mercado de valores, lo que se necesita para este objetivo como ya mencioné es una conexión a internet, pero desde luego necesitas el intermediario entre la empresa que va a emitir los títulos de acciones, y desde luego aquellos que los van a adquirir.

Sobre esto ya he realizad algunas menciones antes, se trata de un bróker, y sobre esto estaré dedicando un buen tiempo para explicarte la manera más segura de hacerte de un bróker confiable que te dé la garantía y la confianza de realizar excelentes negocios, pero ¿Cómo será posible entrar en el mercado de acciones sin antes tener una buena claridad sobre los distinto tipos de acciones?

En esa dirección vamos a retomar esto nuevamente, quiero explicarte de manera detallada los distintos tipos de acciones, cuáles son las características y las ventajas y desventajas que te tiene adquirir cada uno de ellos.

En todo caso es imprescindible denotar que el uso o elección de los distintos tipos de acciones pueden estar condicionadas a la plataforma por la que estés ingresando en el apasionante mundo de la inversión en el mercado de acciones, pero puede igualmente estar determinado por el propósito o premura que tengas en este negocio de ver retribuido el dinero de inversión.

Solo quiero darte como consejo que mantengas un buen nivel de paciencia y no permitas que la premura por ver dinero en tu cuenta te lleve a realizar malos negocios, es momento de prestar atención y sacar el mayor provecho a la lección.

Acciones ordinarias

Sobre esto ya he hablado antes, es que cuando hablamos de acciones, por regla general se da la definición que normalmente se le adjudica a la acción ordinaria, pero esto no quiere decir que sean estas las características de todo aquello a cuanto llamemos acciones, lo que quiero reflejar es que hay muchos tipos de acciones, y cada cual con sus características particulares.

Las acciones pueden estar divididas en relación a aspectos básicos, estas se pueden distinguir fundamentalmente basado en el derecho que tengan los accionistas tras obtener de forma legal la o las acciones, y por otro lado de acuerdo a su titularidad y situación.

Particularmente en el caso de las acciones ordinarias, se trata de una de las acciones que resultan ser las más comunes pero además muy abundantes dentro del mercado de acciones.

Una acción ordinaria es una acción que puedes fácilmente negociar, ya que como he dicho, se trata de la más abundante, el título de una acción ordinaria te brinda de entrada la posibilidad de adquirir el derecho de ser dueño de la proporción representada en el titulo o acción que estás adquiriendo, por otro lado, como rasgo principal y muy importante de este producto financiero, es que este no tiene fecha de vencimiento, es decir, mientras la empresa esté realizando normalmente sus operaciones tus acciones, siempre y cuando las mantengas bajo tu poder, seguirá siendo por siempre tuya por lo que los beneficios que se arrojen de esta continuarán siendo tuyos.

Características de las acciones ordinarias

De lo que acabo de mencionar se desprenden algunas de las principales características de este tipo de acciones, sin embargo considero que es necesario sistematizarlas en este momento para tener una idea o noción más ampliada de este tema, así que veamos cuáles son las características particulares de las acciones ordinarias.

Primera característica: Posibilidad de participar en la repartición de los beneficios

Al adquirir una acción ordinaria esta vendrá de plano con toda una serie de beneficios completamente explícitos que vas a recibir en el mismo momento que la adquieras formalmente. Pero bien como acabo de señalar, la empresa será la encargada de establecer las reglas que van a regir este reparto de dividendo, de manera que al mismo momento de iniciar la venta de este producto financiero las reglas del juego estarán perfectamente trazadas.

Segunda característica: Posibilidad de hacer reclamos de los activos que se estén liquidando

Esto es una figura que se puede dar en el momento que alguna empresa se encuentre en situación de quiebra, este tipo de acciones te brinda la posibilidad de que hagas el reclamo y exigencia sobre el valor de la empresa que se encuentre en quiebra, pero hay que destacar que esto debe cumplir un orden donde (aunque suene duro decirlo) el ultimo eslabón de la cadena será en cualquier caso el poseedor de una acción ordinaria.

El orden normal de esta situación siempre va a ser el siguiente: primero se cancela las deudas con los tenedores de bonos, más tarde se debe ajustar las deudas con aquello accionistas que cuentan con acciones de características especiales, y por último, una vez se haya resuelto todo lo anterior es que se dará la atención debida a los inversores de acciones ordinarias, pero se corre el riesgo incluso de que no reciba la retribución de su aporte.

Tercera característica: Posee el derecho a voto

Y es importante subrayar esto, el accionista ordinario resulta ser el único dentro de todos los modelos o formas de accionistas que tiene derecho a emitir voto en las juntas para elegir el concejo administrativo de la empresa.

Cuarta característica: Capacidad de decidir sobre el destino de su acción

Esta es otra interesante característica, el dueño de esta acción tiene la posibilidad de obtener ganancias de varias maneras, bien sea por medio de los dividendos que la empresa le otorga como ley por la adquisición de dicha acción, pero existe dentro del marco de posibilidades la opción de poder vender la acción si así lo desea, sobre todo en el caso en que la demanda de acciones pueda aumentar por lo cual se suele especular con los precios a fin de obtener buenas ganancias en poco tiempo.

Quinta característica: Tiene el derecho a exigir información

Por ultimo quiero señalar esta característica que para muchos es realmente importante, sobre todo en el caso de los grandes inversores, pues hay personas que esto lo llevan muy en serio y hacen inversiones realmente importantes, por lo que es de mucho interés para estos tener información de cómo se va comportando el mercado en el que tiene invertido su dinero.

Por lo antes dicho es que esta característica es sumamente importante, ya que los dueños de estas acciones pueden exigir a la empresa los resultados y cualquier tipo de información que resulte importante y relevante para los fines de la inversión de dicho individuo.

Ventajas y desventajas de las acciones ordinarias

A pesar de todo lo que acabo de mencionar es importante destacar que no todo es color de rosas, hay algunos pro y contras que se deben tener en cuenta al asumir un compromiso como el de hacer una inversión en el mercado de acciones, así que veamos los beneficios pero además los riesgos o desventajas que existe en este tipo de acciones.

Ventajas

En primer lugar todas las personas que realizan la adquisición de un modelos de acción ordinaria tienen derecho de suscripción preferente, es decir que al ser emitidas nuevas acciones son estos accionistas los que tienen opción de preferencia. Pero también recibir dividendos en los casos que la empresa decida repartir parte de los beneficios a los accionistas, el poseedor se esta acción podrá recibir la posibilidad de percibir ingresos pasivos recurrentes, cuentan con voz de voto en las juntas de accionistas, privilegios que otro tipo de acciones como la preferente no brinda.

Desventajas

En cuanto a las desventajas que puede tener este tipo de acciones, es importante resaltar sobre cualquier otro el hecho siguiente: las acciones de otras características (como el caso de las acciones preferentes de la que estaré hablando de inmediato) tienen privilegio a la hora de que los resultados de la empresa hayan sido desfavorables y esta decida pagar los dividendos.

Igualmente ocurre en el caso particular que la empresa haya terminado en la quiebra, esta saldará sus deudas con otros modelos de acciones primero y en últimas instancias es que se le brindará la atención debida a los inversores de acciones ordinarias, pero como ya he mencionado antes, existe incluso un enorme riesgo de no recuperar la inversión realizada, pero ya en otro capítulo estaré ahondando un poco más sobre este asunto.

Acción preferente

Este es el segundo tipo de acción que quiero mencionar, y este modelo de acciones guarda cierto parecido con el anterior, en el sentido que los poseedores de dicha acción igualmente tienen la titularidad de dicha empresa en la proporción del porcentaje representado en la acción que ha adquirido, con la diferencia que este tipo de acción otorga ciertos beneficios a los inversores por encima de aquellos que han obtenido una acción ordinaria o "común", sin dejar de lado claro está, que igualmente tiene ciertas desventajas.

Ventajas de la acción preferente

El privilegio principal que este tipo de accionista recibe es básicamente de carácter económico, por ejemplo, quien posee una acción preferente tiene la ventaja sobre las acciones ordinarias al momento de recibir los dividendos, es decir, el inversionista que posea este tipo de acciones estará destinado a recibir primeros los dividendo por sus acciones.

Pero como punto importante es preciso ver que en el caso particular en el que la empresa no haya tenido los resultados que se han estado esperando, pero en consecuencia los accionistas decide igualmente pagar dividendos, serán los accionistas preferentes los que estarán en la primera lista para recibir sus pagos, y además van a recibir la cantidad que ya había sido acordada, contrario al caso de los accionistas ordinarios, que posiblemente cobrarán una cantidad más baja incluso existe la posibilidad que no hagan ningún cobro como ya expliqué antes.

Además de todo lo que acabo de mencionar, existe la posibilidad de que en algunos casos las empresas establezcan un acuerdo de dividendo para este tipo de contrato, incluso sin importar el tipo de resultados que la empresa pueda tener en función de las actividades económicas a la que la empresa se dedica.

Otra de las grandes ventajas que se obtiene con este tipo de acciones está en la protección que tiene sobre la inversión realizada, ya que en caso de posible quiebra por parte de la empresa, una de las primeras obligaciones es saldar sus deudas y aquellos que cuentan con la posibilidad y el privilegio de ser los primeros en recibir el pago por su inversión serán los que hayan obtenido acciones de tipo preferente.

Con relación a los rasgos que posee parecido al tipo de acción ordinaria encontramos que esta tampoco tiene tiempo de caducidad, por lo tanto mientras la empresa esté en pleno funcionamiento de su actividad económica, quien posea este tipo de acciones sigue gozando de la posibilidad de recibir los dividendos que vaya generando la acción.

Desventajas de la acción preferente

Pero en relación a las posibles desventajas que pueda tener este tipo de acciones, podemos encontrar el hecho puntual que este tipo de acciones no permite al poseedor tener voz ni voto en las juntas que celebre la empresa con socios, tampoco pueden asignar ningún tipo de capital que pertenezca a la empresa.

Otra de las grandes desventajas se trata de lo escasas que resultan ser, la cantidad que están en oferta son realmente muy bajas, por lo que tratar de conseguirlas se puede convertir en un trabajo un tanto difícil, pero sumado a eso está el hecho que se trata de un activo considerablemente ilíquido, dicho de otra manera, el movimiento de compra venta a partir de la emisión de una orden bien sea de compra o de venta es bastante escaso.

Ahora bien de lo que acabo de mencionar puede darse que el hecho de no tener voz y voto en los asuntos de la empresa puede parecer un hecho que carece de importancia o parece irrelevante, no obstante, la realidad de esto es que hay situaciones muy particulares en las que el simple hecho de no contar con la posibilidad de tener derecho sobre las decisiones de la empresa puede resultar un verdadero problema.

Un ejemplo de esto puede ser el caso en el que exista una lucha por tomar la dirección de la empresa por parte de dos o más inversores, ya que esto puede representar un verdadero obstáculo a futuro en lo relativo al destino de la inversión realizada.

En el caso que acabo de mencionar es justamente donde una "acción del tipo ordinara" puede parecer mucho más valiosa que una acción preferente.

Una vez visto todo este asunto, hay algo que me parece verdaderamente importante que consideremos por el bien de la seguridad de la inversión, este tipo de acción, a pesar de ser una acción de característica preferente no ha dejado de ser un activo de renta variable, lo que implica que su precio de cotización en bolsa puede perfectamente variar.

Tipos de acciones preferentes

Ahora bien, una de las características principales de este tipo de acciones es que posee varios tipos o modelos, así que vamos a ver de manera concreta cuáles son los distintos tipos de acciones preferentes.

Acciones preferentes acumulativas

Este tipo de acciones tiene una característica interesante, y es que en caso de no recibir los dividendos este va acumulando para pagos a futuros, gozando como es normal de este tipo de acciones de la prioridad de pago por encima de las acciones comunes, pero además teniendo prioridad en el orden de pago entre las acciones de su mismo tipo.

Acciones preferentes no acumulativas

Todo lo contrario al caso anterior, en este caso los dividendos que no hayan sido pagados no se acumulan para el futuro, este tipo de casos suele darse en situaciones como las acciones emitidas por las entidades bancarias.

Acciones preferentes convertibles

Estos son modelos de acción que cuentan con la capacidad de poder convertirse en acciones ordinarias a futuro, por lo general el número de acciones en las que se podrá convertir puede haber estado ya pre-establecido en el acuerdo iniciar del contrato.

Acciones preferentes intercambiables

Estos son modelos de acción preferente de una empresa que tiene la potestad de ser intercambiada por algún tipo de deuda convertible, o por otro otra forma de acción, que tenga claro está, otro tipo de seguridad.

Acciones preferentes de renta mensual

Este tipo de acción es una mezcla entre dos elementos claros, me refiero puntualmente a la acción preferencial y a su vez a la deuda subordinada.

Acciones preferentes participante

En este caso existe un factor que resulta altamente productivo e interesantes, se trata de la posibilidad de recibir ciertos derechos sobre las ganancias particulares por encima de los derechos que ya normalmente posee como inversionista en el tema de acciones.

Acciones preferentes perpetuas

Estas son las acciones que perduran, es decir que no pueden ser liquidadas por el emisor, lo que implica que no hay fecha para la devolución del capital invertido.

Estas son las diferentes variables que tiene este tipo de acción, ya tenemos una visión más amplia sobre los tipos de acciones, pero en función de todo lo que acabamos de hablar existen algunos detalles extras que me gustaría darte respecto al tema de las acciones preferentes, fundamentalmente quiero que tomes en cuenta el tener el cuidado de revisar bien cuáles son las condiciones establecidas por la empresa que emite, porque todos los modelos de acciones preferentes que acabo de mencionar, pueden convertirse en condiciones previas a la emisión del contrato. ¿Pero qué significa esto?

Esto no se trata solo de algo caprichoso, se han dado casos muy lamentables en ese sentido, por ejemplo sucedió hace algún tiempo que algunos bancos españoles no dejaron completamente claro algunos detalles, y los inversionistas se confiaron que los dividendos eran fijos, pero tras la caída de las acciones en la bolsa los dividendos bajaron, y muchos de dichos inversionistas llegaron a perder gran parte de su inversión por desconocer este tipo de detalles, así que si se te presenta la oportunidad de hacer inversiones en acciones preferentes debes estar muy atentos, insisto, las condiciones pueden variar.

Ya te he demostrado con sumo detalle, todos y cada uno de los aspectos relacionados con el tema fundamental que estamos viendo en este volumen, es decir las acciones, una vez que hayas despejado tus dudas en este sentido hay una duda mayor que estoy completamente convencido que puede haber pasado por tu mente, incluso puedes tenerlo en este instante, ¿Por qué invertir en mercado de acciones?

En este sentido quiero ya dejar cerrado todo este asunto respecto a las acciones, y en esta dirección hablar de las razones claras y desde luego objetivas del porqué la inversión en mercado de valores es una opción completamente adecuada para ti justo ahora, prepárate para ver todo esto más de cerca, y comprender que estar en este instante adquiriendo toda esta orientación que a través de este volumen te estoy dando, es sin duda alguna una de las mejores oportunidades que puedes tener en tu vida, ¡sigue conmigo!

3

¿POR QUÉ INVERTIR EN EL MERCADO DE ACCIONES?

Abordar este capítulo me regala la oportunidad de plantearte de forma respetuosa una de las mejores oportunidades que hay en el mundo de los negocios, y desde luego la oportunidad que va a llegar a tu vida que de seguro has estado esperando por mucho tiempo.

Una de las características que distingue al hombre y la mujer de hoy es su deseo casi natural de salir de la zona de confort y aventurarse por nuevos rumbos en el deseo incontrolable (al menos así fue en mi caso) de romper el molde en el que se nos ha querido introducir, es decir la manera ortodoxa que nos han enseñado de ver la vida y de cómo manejarla.

No es que este mal la estructura, y mucho menos

llevar el patrón que nos han enseñado, está bien crecer, estudiar, hacerse de una profesión, para tener una familia e ir cada día al trabajo, ver llegar la vejez para esperar con mucha suerte, una pensión que nos sostenga hasta que toque partir de esta tierra, insisto, no está mal. Pero si bien no está mal, tampoco es que está del todo bien.

Quiero ponerte un ejemplo de lo que estoy diciendo, el cuerpo humano necesita de nutrientes, y sobre todo de macronutrientes para tener energía, necesitas grasas, proteínas, y carbohidratos, podrías agarra cada día un pan, un trozo de carne cocida en agua (sin sal ni ningún tipo de condimento) y tomar una taza de aceite, listo, cumpliste con la cuota, ¿está bien? Bueno, aunque la analogía falla (porque son muchos más los elementos que el cuerpo requiere para una buena nutrición) podemos decir a rasgos generales que sí, todo está muy bien, ¿pero se pudo disfrutar eso? Sé que vas a estar de acuerdo conmigo que no, es imposible que alguien pueda disfrutar de eso.

Así mismo, como la analogía que acabo de usar sucede con el tema de la forma de vivir la vida, podemos cumplir con todos los patrones que la sociedad ha impuesto como las reglas de vivir, pero esto no quiere decir que sea bueno para nadie, vivir bajo un patrón mecánico por toda la vida.

Dicho esto, vemos entonces cuál es la razón por la que muchos nos vemos o nos hemos visto en un punto de la vida con una extraña sensación como que estamos en un callejón sin salida, queremos más, queremos darle un cambio a nuestras vidas, y ese cambio tiene un punto de arranque que es casi el común denominador en todos nosotros, "libertad financiera".

Justamente por eso sé que estas aquí, porque estás buscando darle un vuelco a tu vida, y justamente en la era tecnológica es un verdadero sin sentido querer cambiar nuestra situación financiera haciendo un trueque de nuestro "tiempo" por algo de dinero, la verdad de todo esto es que queremos poder tener una mejor vida financiera, pero en todo el sentido de la palabra vida, es decir no convertirnos en esclavos del excesivo trabajo, sino poder encontrar el perfecto equilibrio entre trabajo y tiempo de calidad, para disfrutar más de la familia, los amigos y de nosotros mismos, es decir una vida de calidad.

Existen un amplio número de opciones que sin duda pueden ayudarte a salir de la zona de confort e iniciar en el mundo del emprendimiento, pero has dado en el clavo, aunque la verdad es que el mercado de acciones representa algunos riesgos, si logras entender cada uno de los principios que te estaré enseñando más adelante, sin duda que se minimizan los riesgos y se incrementa la posibilidad de que este negocio se convierta en la oportunidad de tus sueños.

Incursionar en el mundo de las acciones no se trata de una especie de hobby con el que puedas entretenerte por un rato y sacar algo de ganancias extras para complementar tu salario (tal vez sí, eso es algo que depende exclusivamente de cada persona en particular), pero cuando hablamos de mercado de valores estamos hablando de un oficio que, como cualquier arte, si aprendes bien el oficio se convertirá de forma irremediable en el medio que has buscado para cumplir definitivamente el sueño de la libertad financiera.

Pero más allá de todo lo que te acabo de decir, quiero regalarte las razones por las que debes invertir en el mercado de valores.

Invertir en el mercado de acciones es una de las formas más seguras de invertir tu dinero

Muchas personas han tenido la inclinación a la idea

que la inversión en bolsa es un asunto de suerte, tanto es así, que algunos incluso están convencidos que este tipo de inversión es una forma de lotería, en la que vas a hacer tus apuestas a ver si quizás pueda ser que te ganes el numero gordo, pero la verdad es que no hay nada más alejado de lo que es la realidad que esto.

La garantía que puedes tener en el sentido que es una inversión inteligente con la que tendrás tu dinero seguro, radica en el hecho que invertir en este tipo de negocios no es algo que vas a hacer de manera irresponsable, sino que sin duda se necesita una preparación y justo eso es lo que estamos empezando con este volumen.

Por otro lado hay que considerar algo muy importante, en el tema de la inversión de acciones no estamos jugando a una especie de competencia en la que unos ganas y otros pierden, los inversionistas, pero sobre todo los grandes inversionistas está apostando al éxitos de sus emprendimientos, y desde luego este éxito supone una posibilidad en la que, si ellos ganan el comprador de acciones también gana, es decir se trata de ganar todos.

Pero como venía diciendo, el trabajo de la compra y ventas de acciones es un trabajo que está respaldado por principios estadísticos, se trata de una ciencia que nos ayuda a comprender el comportamiento del mercado a nivel mundial.

Por otro lado, los bróker modernos (plataforma de bolsa de valores por internet) cuentan con formas de trabajo y oportunidades de aprender cómo se mueve el mundo del mercado de acciones, y nos dan la oportunidad de comenzar a llevar a cabo nuestros primeros pasos sin poner en riesgo nuestro dinero, ya que muchas plataformas en forma de demo te brindan dinero virtual (no real) para que vayas dando los primeros pasos y acumulado experiencia.

Pero no quiero parecer un fanático y fundamentalista en este momento, respecto a este asunto, vamos a verlo desde la otra cara de la moneda, ¿hay riesgos? Sí, pero es qué acaso hay algo que no implique riesgos, sin duda que sí, todo tipo de emprendimiento puede fracasar, si decides que lo que quiere es emprender un restaurante de hamburguesas y salchichas la preocupación sería la misma.

De acuerdo a estadísticas muy importantes, más del 80% de los emprendimientos fracasan en los primeros cinco años, todo lo que vayas a emprender va a representar de alguna manera un tipo de riesgo, lo que en realdad necesitas es tratar de blindarte contra dichos riesgos.

Cuando hablamos de invertir en el mercado de acciones debemos ver lo siguiente, para que puedas fracasar debe fracasar la empresa en la que estás aportando tu dinero, y desde luego como vamos a ver más adelante, a la hora de hacer inversiones en este mundo es importante hacerla en empresas que sean sólidas, tocaría apostar a la hecatombe económica mundial para fallar e este tipo de negocios, y eso creo que es un poco exagerado.

Para que tengas una idea de cómo invertir en el mundo del mercado de acciones y lo hagas de la manera más segura y sin poner en riesgo tu inversión te daré algunos tips que seguro te van a servir.

Tips # 1: Estudia todos los días

Reza un dicho: "la práctica es la que hace al maestro", de manera que no puedes cometer el error de ver esto como solo un pasatiempos, sino que debes convertirte en un verdadero estudioso, cada día debes estar atento a los movimientos del mercado, cuál es el comportamiento que este tiene, y has tus propias estadísticas, trata de atinar cada día ante la posibilidad de lo que pueda suceder con el mercado basado en la intuición que iras desarrollando con la observación.

Tips # 2: Hazte de un bróker sencillo

El mundo web nos ofrece en este momento un número muy grade de plataformas bróker con la que podrás acceder a este mundo, sobre los distintos tipos de bróker que vas a encontrar y sus principales características te estaré hablando en futuros capítulos

No obstante y a modo de adelanto te quiero dejar que hay de todos gustos y colores, algunos más sofisticados que otros, con características propias de la experiencia que puedas tener sobre el tema, la idea es que no te dejes impactar por la publicidad o por las funciones, busca un bróker que te resulte sencillo y con el que puedas ir adquiriendo la experiencia que requieres para convertirte en un experto en este negocio, luego puedes dar el salto a algo más sofisticado.

Tips # 3: Aprende de los expertos

Justamente en la misma dirección de lo que vengo hablando en el tips anterior, está planteada la idea que te estoy dando ahora, muchos bróker te brindan la oportunidad de ver los movimientos que hacen otros accionistas, de manera que algo que debes hacer para aprender a realizar movimientos inteligentes, es convertirte en observador de lo que lo mas experimentados hacen en este negocio.

Como aporte final sobre este punto quiero subrayar algo importante, y es que tenga algo de paciencia, no vayas aun de manera impaciente a buscar bróker, sobre esto hay que tener también un especial cuidado, ya que hay muchos bróker poco confiables, pronto te estaré dando toda una orientación sobre este asunto.

El mercado de valores brinda una alta rentabilidad

Este es otro de los aspectos que hace altamente interesante el mercado de valores, los niveles de rentabilidad que este puede generar son verdaderamente sustanciosos, hablando de un inversionista en sentido normal puede generar un promedio anual entre el 25% y 30% de rentabilidad en relación a su inversión, esto comparándolo por ejemplo con negocios como el de bienes raíces representa una súper ventaja.

Si vemos de cerca el tema de comprar bienes para vender y reinvertir se puede observar que este mecanismo puede generar un promedio de 6% a 12% de rentabilidad anual, lo que significa que la ventaja que tiene el negocio de mercado de acciones es completamente superior que el de bienes raíces.

No obstante los números que acabo de dar en el tema que nos ocupa están enfocados en un año normal de trabajo para un inversionista, pero hay que considerar el hecho de que hay años que suelen ser mucho mejores por lo que la rentabilidad sin duda mejorará.

El mercado de acciones es un mercado muy amplio y en constante expansión

Cada vez que un individuo despierta en su vida el deseo de romper la burbuja y salir de la zona de confort, y se perfila hacia el mundo de las inversiones, lo más seguro con lo que se va a topar es con un mar de incógnitas sobre qué es lo que debe hacer, cómo debe invertir su dinero.

El mundo del mercado de acciones está repleto justamente de nichos y rubros en los que puedes perfilar tu inversión, desde luego que el trabajo tuyo es el mismo, sin embargo lo mejor de todo esto es que no importa cuál es el producto que esté en la palestra en este momento, invertir en acciones es asegurarte que siempre habrá trabajo, puede ser en turismo, aviación, en la medicina, universidades, el petróleo, mundo de tecnología y un muy largo etcétera, siempre que haya una actividad económica en el mundo, habrá bolsa de valores, y desde luego habrá acciones para comprar y vender.

Puedes contar con liquidez casi instantánea

Quizás a todos nos ha pasado que tenemos un capital en inversiones, pero de manera casi repentina se da el caso que se presenta una oportunidad mejor, por lo que el dinero que tiene en esa inversión le sería útil, pero un caso peor puede darse que se presente una emergencia médica o de cualquier otra índole y el dinero que tienes en dicha inversión sería útil.

Normalmente puede suceder que dicha inversión para convertirla en dinero nuevamente se requiera de un largo proceso, por ejemplo se puede tratar de una venta de algún bien, por lo que si se trata de una emergencia puede ser verdaderamente lamentable esta situación, bien, en el caso de la inversión en el mercado de acciones esta es una gran ventaja, solo con un mensaje que hagas a tu bróker o tal vez una llamada puedes tener tu capital de regreso a tu cuenta bancaria, ya que este es un negocio en el que puedes salir con la misma facilidad con la que has entrado.

Trabajar en el negocio del mercado de acciones no acapara tu tiempo

En mi caso particular, esta fue una de las principales razones por las que decidí entrar en este negocio, el tiempo tiene un valor incalculable, es la materia prima de la superación en la vida que no habrá manera de recuperar jamás, tiempo que pierdas estará para siempre perdido.

Lamentablemente el mundo laboral tradicional ocupa de nosotros justamente este rubro, "el tiempo", míralo de la siguiente manera: el oficio que desempeñas normalmente es algo que cualquiera puede hacer, y te doy la garantía que por más bien que hagas algo, en el camino siempre habrá alguien que lo haga mejor que tú, no estoy sugiriendo de ninguna manera que haces un mal trabajo, pero la verdad es que tu gran capacidad o talento para llevar a cabo tal o cual profesión no representa el producto de mayor interés de tu jefe.

El producto de mayor valor para una empresa se traduce en el tiempo que dedicas a llevar a cabo las tareas propias del oficio que estas ejerciendo, te están comprando tiempo, y ese tiempo que dedicas en llevar a cabo los sueños de otros, es el que ellos van a disfrutar para sus propósitos de vida personales.

Lo bueno de este negocio es que te va a permitir cambiar tu estatus de vida y a su vez te dará la oportunidad de invertir tiempo en otros asuntos más valiosos para ti.

Indudablemente debes inicialmente invertir más tiempo en esto, y eso va a estar definido por la determinación que puedas tener de liberar tu tiempo cuanto antes, es decir, a mayor tiempo invertido al principio en aprender el oficio del mercado de acciones, más cerca estará de la libertad que te mereces y que deseas para tu vida.

¿Qué es lo que se debe hacer en este modelo de negocio?

Bien, quiero que evalúes los puntos que debes atender de manera urgente y que serán los que marcarán el camino para convertirte en un inversionista exitoso de manera acelerada.

Los elementos en lo que debes fijarte de manera inicial en este sentido son: la proyección, las ventas, utilidad, competencia, valor, entre otros, esto lo puedes ir aprendiendo de manera muy fácil en la comodidad del hogar, aunque si tu deseo es hacerlo con premura te recomiendo que te apuntes a un buen curso sobre el tema, una vez que hayas aprendido los principios sobre esto, lo que corresponde es tener el hábito de hacer el seguimiento correspondiente a la empresa en la que has hecho tu inversión.

En definitiva, quiero que seamos sensatos en esto, no trato de ser fundamentalista y es algo que ya he dejado claro antes, sin embargo es importante destacar que todo lo que he propuesto e este capítulo es una apreciación basada en la experiencia personal, desde luego que existen muchos modelos de negocios y muy lucrativos, no obstante, mi intensión ha sido poder brindarte una visión sobre uno de os negocios que sin duda se ha convertido en una de las más grandes oportunidades de este tiempo para los inversionistas.

De esta manera avanzamos, acompáñame a seguir conociendo uno de los mejores negocios que puedes encontrar en este momento, vamos a ver en los capítulos que siguen, cómo es que este negocio luego de ser tan distante, ha venido a convertirse en uno de los negocios más accesibles para el hombre común del siglo XXI.

4

CONOCIENDO LOS BRÓKER: UNA FORMA SEGURA DE INVERTIR

Una de las situaciones que suele causar mayor temor en todas aquellas personas que buscan un nuevo medio para llevar a cabo sus inversiones, es tener que poner su dinero en manos de otros sin la "garantía" de contar con la seguridad que el dinero está en buenas manos y por ende no será víctima de estafa.

Y esto está muy bien, es extremadamente fácil en nuestros tiempos encontrar todo tipo de vandalismo, en cualquier dominio en el cuál se maneje dinero siempre puede haber situaciones en que alguien quiera sacar partido y se aproveche de ciertas habilidades mal utilizadas, y aprovecharse de gente inocente y sobre todo personas inexpertas, evidentemente el mundo de los mercados de acciones no tienen por qué ser la excepción, siempre hay un peligro latente de ser víctima de estafa, pero esto en el punto que puedas carecer de la información necesaria respecto a la manera correcta en la que debes utilizar tu dinero.

Para empezar a despejar dudas y allanar todo este terreno, quiero iniciar por describir qué es un bróker, de donde proviene esta figura y cuál es la función que cumple.

¿Qué es un bróker?

Esto es lo primero, un bróker es "un intermediario", puedes verlo como persona, como institución, como plataforma, como quieras verlo, pero en rasgos generales esto es lo que define esta figura, se trata de aquello que está ejerciendo la función de intermediar entre un comprador y un vendedor, es válida la aplicación del término a otros ámbitos del mundo financiero más allá del aplicado en el plano del mercado de acciones.

Eso se resume en lo siguiente, estamos hablando de una persona o una institución cuya función es la de llevar a cabo operaciones de carácter financiero en relación a la compra y venta de ciertos instrumentos, tal como es el caso de las acciones.

El trabajo fundamental que esta figura desempeña es la de encontrar bien sea vendedores o compradores basado desde luego en las necesidades que tenga el cliente en un momento particular.

Los bróker pueden ofrecer una diversidad de instrumentos financieros, sobre lo que sus clientes pueden operar satisfactoriamente y hacer un mundo de negocios por medio de esto, por ejemplo: Acciones, divisas, materias primas, índices bursátiles entre otras. Para poder operar como bróker es completamente importante y necesario cumplir con ciertas normativas, mismas que rigen los mercados financieros, pero no solo eso, igualmente debe contar con la supervisión de una serie de organismos reguladores con competencia en el área financiera.

La visión que pudo existir en otro tiempo respecto a esta figura del mundo de la bolsa de valores ha evolucionado de manera increíble, sin hacer una referencia tan grande a todo el recorrido que este término ha sufrido, solo quiero limitarme en señalar que el imaginario de bróker del hombre moderno eran los bancos o algunas instituciones financieras.

No obstante, la manera en que se puede acceder a este tipo de negocio en la actualidad es verdaderamente sencillo, solo necesitas trabajar por medio de un bróker online que cuente con las garantías necesarias de seguridad, para que al momento de hacer tus inversiones no corras ningún peligro de poner en riesgo tu dinero, y la garantía está principalmente en el hecho que dicha plataforma cuente con las regulaciones necesarias por parte de los organismos internacionales encargados de controlar este tipo de negocio.

Existen algunos organismos de aplicación nacional, es decir que aplican regulaciones dentro de los contextos de algunos países, mientras que otros hacen dichas regulaciones a nivel global, quiero mencionarte los más importantes.

Financial Industry Regulatory Autority

Esta institución conocida como "FINRA" es uno de los organismos más importantes en el los Estados Unidos de Norteamérica, esta institución es el resultado de la fusión que hiciera el comité regulatorio del New York Stock Xchange junto al National Association of Securities Dealers, esta ultima la que fuera una de las principales asociaciones de comerciantes de acciones de los Estados Unidos.

Autoridad de conducta financiera del Reino Unido (FCA)

Este organismo original del Reino Unido, es el encargado de regular a todas las empresas de servicios financieros, bien sean mayoristas o minoristas, que a pesar de estar establecida en este país es absolutamente independiente del mismo, dentro de las labores que este desempeña se encuentra la posibilidad de prohibir productos financieros, lo mismo que alguno servicios, y tomar acciones sancionatorias en los casos en los que algunas empresas de carácter financiero puedan incurrir en situaciones de riesgos para los clientes.

Cypruss Securities and Exchange Comission (CySEC)

Este es uno de los organismos más prestigiosos en cuanto a temas de regulaciones, al ver un bróker que es regulado por esta agencia, puedes de inmediato tener la seguridad que puedes trabajar con esta plataforma con toda tranquilidad, esta es la máxima autoridad reguladora de empresas de servicios y productos financieros de Chipre.

Toda empresa de servicios financieros que desee operar en Chipre y en consecuencia se encuentre regulado por este organismo, cuenta con la supervisión basada en las obligaciones y reglas en este sentido emitidas por la Unión europea, por su parte, entre las distintas obligaciones que tiene este organismo se encuentra:

- Estar atentos a que las empresas de servicios financieros tanto de Chipre como todas aquellas que operen dentro de este mercado, cumplan con buenas prácticas de dicho mercado
- Igualmente se encarga de otorgar licencia a las compañías que operan en este tipo de negocios
- Por otro lado se encarga en caso de ser necesario de aplicar sanciones y de carácter administrativo y disciplinario a todas aquellas empresas del sector financiero en caso de comprobarse operaciones de fraude en sus plataformas

Desde luego existen muchos organismos, algunos están limitados a la regulación exclusiva de las plataformas de su propio país, sin embargo, estas son las principales a nivel mundial y que brinda un gran plus cuando de garantía hablamos.

Es momento de echar un vistazo a aquellas plataformas que funcionan en la actualidad y que de hecho representan los más importantes del mercado.

Los mejores bróker del mercado

Este aspecto es sumamente importante, ser conscientes que existen una serie de plataformas bróker que no cumplen con ciertas regulaciones, y esto desde luego representa un peligro para tu inversión, por ello es que a la hora de planificar tu inversión en el mundo del comercio de acciones lo primero que debes ver es en que bróker vas a confiar tu dinero, ya que se corre el riesgo de elegir mal y esto puede traducirse en peligro para tu dinero.

Lo que viene a continuación es un importante trabajo en el que he hecho una recopilación cuidadosa sobre las principales plataformas por las que podrás iniciar en el mundo del comercio de acciones, voy a mostrarte cuáles son las características de dicha plataforma y algunas de la ventajas que cada una de ella tiene en comparación con otras, lo realmente importante es que estas plataformas bróker de las que voy a hablarte son las de mayor prestigio en el mercado, por lo que son las que recomiendo para que puedas trabajar sin comprometer tu capital.

XTB on line trading

XTB se trata de una de las plataformas de bróker más antiguos del mercado, la empresa inició sus trabajos a mediados del año 2002 y durante todo este tiempo ha venido consolidándose como uno de los bróker más confiables del mercado, y la confiabilidad surge en varios aspectos básicos, en primer lugar porque cuenta con las regulaciones a nivel mundial por las entidades encargadas de regular el funcionamiento de dichas plataformas.

Esta plataforma inició como un bróker europeo, sin embargo debido a la trayectoria y a la solidez que ha presentado esta herramienta, se ha venido estableciendo como una de las plataformas de bróker más importante a nivel mundial, estableciendo así oficinas en ciudades muy importantes del continente americano y el continente asiático.

Características

Además de las características normales que esta plataforma trae por defecto para sus clientes, en esta podrás encontrar otros elementos interesantes que en mucho de los casos representa una gran diferencia en comparación con otras, por ejemplo puedes encontrar un feed de comentarios en audio, puedes ver que tiene un calendario económico global a fin de tener a la mano y al día los acontecimientos financieros más importantes del momento.

Por otro lado un particular muy característico de esta plataforma es la posibilidad de establecer conexión por medio de chat con otros trader mientras que estás trabajando normalmente con tu plataforma, mientras tanto en el chat tienes la posibilidad de escuchar noticias al día con el fin de poder hacer tus jugadas basado en el comportamiento del mercado momento a momento.

En cuanto al calendario que te ofrece esta plataforma vas a encontrarte con la posibilidad de encontrar la valoración que medirá el impacto que tendrá o que de acuerdo a las estadísticas, pueda ocurrir tras cada uno de los eventos que estarás siguiendo, y por ultimo quisiera señalar que la calculadora con la que cuenta la plataforma, te brinda la oportunidad de agregar ordenes de ejecución inmediata y desde luego las ordenes pendiente.

Ventajas al trabajar con XTB

Esta plataforma es caracterizada por prestar un servicio de atención al cliente de 24 horas, incluso países de Latinoamérica y en España pueden contar con la garantía de disfrutar este beneficio, la plataforma está regulada por los organismos más importantes en materia de control y supervisión de las plataformas del mercado financiero.

Uno de los aspectos que lo hace más atractivo, sobre todo en el caso de aquellos que apenas están iniciando en el mundo del comercio de acciones, es que esta plataforma cuenta con una escuela de inversiones en Latinoamérica, y entro otras cosas te obsequia un servicio de señales de trading.

Desventajas de XTB

La primer desventaja que ha hecho mucho ruido para algunos, es el hecho de contar con una cuenta demo de tan solo 30 días de vigencia, pero además de esto en algunos aspectos operacionales hay ciertas limitantes que la comunidad de usuario ha dejado claro que debe mejorar cuando antes esta plataforma, por ejemplo las comisiones, todos concuerdan que en algunos tipos de productos en particular son algo elevadas, aunque muchos opinan también que por las garantías de trabajo que se encuentran con esta plataforma vale la pena.

Desde luego que hay ciertos aspectos técnicos que requieren una especial atención para hacer algunos ajustes, sin embargo en rasgos generales al contar con esta plataforma podemos garantizar que se trata de una muy buena y confiable para ingresar en este negocios.

Darwinex

Lo primero que quiero resaltar sobre esta plataforma es que cuenta con regulaciones de organismos internacionales, pero concretamente con la FCA, además de esto el hecho de trabajar con cuentas segregadas lo hace muy atractivo, ya que le brinda un mayor blindaje a sus operaciones y te garantiza una completa tranquilidad de saber que es una plataforma segura.

Esta plataforma es una un poco inusual, es decir es un tanto diferente a un bróker normal, a pesar de ser una plataforma realmente nueva se ha convertido en la favorita de muchos inversores, y explicaré en breve por qué. En cuanto a términos característicos en esta plataforma a las operaciones de trading se le llama "Darwins" y la plataforma organiza y genera ranking basado en parámetros claramente establecidos.

Esta plataforma viene operando desde el año 2012 y el nacimiento de la misma se dio con la intensión de brindar la oportunidad de hacer trading social, es decir de poder establecer conexión entre los inversores y así brindarse ayuda de copiar las fórmulas de otros inversores o trader

Características de Darwinex

La característica que define a esta plataforma, es la capacidad que aporta de brindar la oportunidad entre sus trader de copiar las operaciones de cualquier otro trader de la comunidad, y en ella cuentas básicamente con dos tipos de cuenta, a saber, la cuenta trading y la cuenta de inversor. En el caso de esta plataforma el inversor tiene la obligación de cancelar el 20% de las ganancias que obtiene como resultado de la acción copiada, pero las operaciones nunca pierden la propiedad intelectual del trader que la haya llevado a cabo inicialmente.

Ventajas de trabajar con Darwinex

En esta plataforma cuentas con algunas novedades muy interesantes, por ejemplo la posibilidad de darle prioridad numéricamente a las estrategias que hayan dado mejor resultado, la plataforma puede ser utilizada tanto por trader como por inversores. Desde luego que las garantías de seguridad por la forma de trabajar con el capital es uno de los elementos más importantes de esta plataforma, además que te brinda la posibilidad de recibir capacitación totalmente gratuita

Desventajas de la plataforma

Uno de los frecuentes comentarios que hacen algunos de los usuarios de este bróker, es que para dar inicio y tener el mejor ritmo para realizar las operaciones en esta plataforma el camino es un poco largo, no obstante es un asunto que podría quedar resuelto con el hecho de contar con una plataforma educativa bastante interesante y completamente útil para los inversores en cualquier nivel que se encuentre respecto a este negocio.

E-Toro

Este bróker cuenta con buena fortuna de tener las mejores recomendaciones por parte de los usuarios, que han utilizado esta plataforma como el bróker de su preferencia, en primer lugar la solidez principal se la otorga el hecho de contar con la regulación de los entes internacionales más importantes en materia de seguridad financiera, es decir no solo está regulado por la FCA que como ya mencioné pertenece al Reino Unido, sino que cuenta de igual forma con la regulación por parte de la CySEC.

Sin embargo no queda ahí, en España también es regulada esta plataforma por organismos como la CNMV, que vendría a ser la comisión nacional del mercado de valores de este país europeo. E-Toro es considerada una de las plataformas de trading más sencillas que se encuentran en el mercado, por lo que resulta una de las más recomendadas a la hora de ingresar en el mundo del comercio de acciones.

Características de E-Toro

Una de las principales características de este bróker es la facilidad y accesibilidad de la misma, al igual que en el caso anterior e Toro cuenta con la genialidad de ser un bróker que ofrece trading social, por lo que igualmente puedes aprender de los negocios que hacen otros inversores más experimentados, su diseño mejorado e intuitivo es realmente amigable con los nuevos inversores, y además cuentas con la posibilidad de abrir una cuenta demo completamente gratis.

Ventajas de E-Toro

De las cosas que podemos destacar como importantes ventajas de este tipo de plataforma, desde luego que debe ser el prestigio con el que cuenta, prestigio que surge debido a varios factores, en primer lugar la seguridad que ofrece, debido a las regulaciones que acabo de mencionar, por otro lado es una plataforma que cuenta con un aproximado de ocho millones de usuarios, lo que eleva aún más el nivel de confianza.

Otro factor que es una gran ventaja es lo fácil que resulta el uso de esta plataforma, sin duda una de las razones que lo convierte en sumamente atractivo en el caso de los nuevos usuarios con poca experiencia, las tarifas al igual que los spreads son justos o al menos razonable desde la perspectiva del mayor número de usuarios.

Desventajas de E-Toro

En relación a las desventajas que puede representar esta plataforma no habría más que las limitantes propias del negocio sin importar la plataforma que esté utilizando, no obstante el hecho de operar solo con dólares puede resultar unas de las pocas y notables desventajas, es importante señalar que sí permite el pago en otro tipo de divisas (5 divisas distinta entre las que resalta el euro) al hacer la conversión de dicha divisa a dólar habrá un cobro de comisión por esta operación.

Avatrade

Reconocida como una de las plataformas bróker de mayor crecimiento del año 2019, esto no de casualidad, en realidad sus resultados han sido muy atractivos entre otras cosas por la garantía y seguridad de la misma, es que esta es la principal característica por la que muchos usuarios eligen un bróker, todos quieren tener la seguridad de no perder su inversión, que en el caso de algunos puede representar todos sus ahorros.

A diferencia de las demás plataformas esta cuenta con el valor agregado de ser avalado por el banco nacional de Irlanda, sin dejar de lado que cuenta igualmente con la regulación de la ya conocida FCA y CNMB de España.

Características de Avatrade

Uno de los aspectos que caracteriza esta plataforma se trata de la gran cantidad de opciones que da para invertir, puede ser directamente el usuario por medio de los activos que ofrece, o a través de las variadas opciones de copytrading que el bróker incluye, por otro lado cuenta con la posibilidad de operar en distintas divisas, de hecho esto es lo que determinara la cantidad mínima de inversión que debes hacer al utilizar esta plataforma como tu bróker para negociar acciones.

Ventajas de Avatrade

La confiabilidad en la plataforma es una de las principales ventajas que ofrece este bróker, además de la facilidad de pago que ofrece como PayPal, tarjetas de crédito o transferencias bancarias, y por último se destaca la cantidad de operaciones que permite llevar a cabo de manera individual o en modo copia.

Desventajas de Avatrade

Dentro de los aspectos que se puede presentar como negativos, solo resalta lo tardío que suelen ser los retiros del dinero, estos pueden tardar varios días hábiles, pero en regla general los resultados positivos de esta plataforma pueden echar de lado esta situación.

24 Option

Una de las plataformas reconocidas como expertas en el mercado de acciones es esta, cuenta con la virtud al igual que las del resto de la lista, de ser regulada por los organismos más importantes en esta materia, su apariencia elegante la hace muy atractiva y amigable con el ojo de los nuevos usuarios, y cuenta con la particularidad de ser fácil su manejo.

Ofrece gran oportunidad de negociación debido al alto número de productos financieros que ofrece, entre los que destaca ser uno de los bróker más experimentado en CFDs.

Características de 24 option

Uno de los aspectos que resulta más interesante de esta plataforma, es que funciona 100% a través de la web, por lo tanto para trabajar con ella no requieres descargar ningún tipo de software para poder desempeñar los trabajos de inversión, solo requieres de un registro para comenzar a disfrutar de todas las operaciones que te ofrece este bróker on line, además no es para nada una limitante si quieres manejar tus operaciones desde el teléfono celular, ya que el diseño te permite perfectamente llevar a cabo tus acciones financieras desde los sistemas operativos más importante del mercado como son el Iphone o Android, y para poder iniciar las operaciones necesitarás un mínimo de 250 dólares.

Ventajas de 24 option

Como ventaja se destaca justamente la garantía que ofrece por estar regulada correctamente por las entidades correspondiente a nivel internacional, esto deja sin efecto algunos de los rumores que han corrido de forma indiscriminada sobre esta plataforma, acerca de las duda de si se trata de una plataforma segura o se trata de una estafa, lo elegante de su interfaz resulta igualmente algo en extremo agradable para muchos, de manera que se puede tomar como un plus que le da ventaja sobre otras plataformas, y por último la cantidad de productos financieros que ofrece.

En relación a las desventajas que presenta esta plataforma resalta solo un punto importante y es que no aceptan transacciones a través de PayPal. Estas son los principales bróker en el mercado de acciones, de hecho son las que he querido recomendarte para brindarte la seguridad de hacer un trabajo que sea lo más seguro posible, sin duda que hay muchas plataformas además de las que acabo de mencionar, puedes investigar más sobre ellas, no obstante lo que tienes en este capítulo resulta suficiente para que inicies de manera segura en este mundo tan atractivo.

Quiero dejar claro una cosa, no se trata de enseñar que estos bróker son infalible, nada es completamente perfecto, algo podría fallar, sin embargo no es el común denominador, digo esto en el mismo sentido como la posibilidad que el corazón de alguien pueda fallar en algún momento, pero en términos de seguridad puedes contar con la garanta que al tomar una de estas plataformas estás en manos confiables.

En resumen, te he ayudado a despejar en este capítulo cualquier duda que hayas podido tener respecto a esta figura del mundo financiero, ha quedado claro la dirección que en otro tiempo pudo tener este término, y como la figura de bróker ha evolucionado hasta el punto en el que nos encontramos en este momento.

Sobre todo es importante que recuerdes las entidades reguladoras de este mercado y te he dejado las principales, pero sobre todo los bróker más importante de la actualidad en el mercado financiero, que en su mayoría son regulados por al menos uno de estos organismos.

5

PASOS PARA INGRESAR EN EL COMERCIO DE ACCIONES, LA GUÍA DEFINITIVA PARA PRINCIPIANTES

Invertir debe ser una actividad básica para cualquier persona que piense en su crecimiento económico. Lamentablemente son pocas las que verdaderamente le dedica tiempo a esta tarea. Para ello debemos enfocarnos en tres puntos fundamentales:

- El dinero que ganamos
- El dinero que ahorramos
- El dinero que invertimos

Estos tres puntos forman el trípode fundamental para nuestra consolidación económica, sin embargo, el punto más importante es el de la inversión. ¿En que invertimos nuestro dinero?

El comercio de acciones ha demostrado ser una de las mejores herramientas de aquellos que quieren dar ese paso tan importante, que se puede convertir en la posibilidad de dar el cambio definitivo y para siempre a su vida financiera.

Es que invertir en acciones no se trata de un pasatiempo con el que alguien se va a divertir un rato, sino que tomando este oficio con el respeto que realmente merece podemos asegurarnos de abrir la puerta a una verdadera profesión, ¿pero cómo lo hago? Siempre el punto de partida suele ser el más difícil.

Este capítulo es el compendio de los pasos que te van a llevar a organizar de forma sistemática cada uno de los pasos que debes tomar en cuenta, para llegar a convertirte en un verdadero experto en el mundo del comercio de acciones. Lo primero que debemos hacer para ingresar en este universo de oportunidades es evaluar qué es verdad y qué es falso de todo lo que se dice sobre esto, por ello vamos a ver inicialmente cuáles son los mitos que han surgido en torno al comercio de acciones para tener el camino allanado al momento de iniciar.

Necesitas mucho dinero para invertir en acciones

Un gran número de personas que se interesan por el mundo del comercio de acciones terminan por rendirse, esto porque pueden llegar a convencerse que para lograrlo y tener éxito requieren de sumas elevadas de dinero, la verdad es que todo esto no es más que una falsa creencia, la realidad es otra. Todo aquel que quiera hacer vida en el mercado de valores puede hacerlo, ya que los requerimientos son muy bajos. También tú puedes ahorrar e invertir en este mercado, como lo hacen millones de personas en el mundo entero.

La mayoría de las plataformas bróker de la actualidad te permiten entrar en el negocio con poca inversión, encuentras desde el bróker que no te exige ningún capital y de hecho de obsequian algo para que inicies, de igual manera vas a encontrar algunos en los que puedes iniciar con capitales que van desde los 100 dólares hasta 10000.

Por supuesto que los niveles de ganancia estarán determinados por la inversión que hagas, de manera que si la inversión es baja lo mismo dará tus ganancias, pero con una proyección a futuro puedes hacer que este capital se convierta en una suma considerable, sobre cómo hacer inversiones seguras y minimizar el riesgo te hablaré en el siguiente capítulo.

Necesitas ser un profesional universitario

Uno de los errores más frecuentes es creer que la inversión en acciones es una actividad exclusiva de personas que tienen altos grados universitarios en economía, administración y carreras afines, sin duda que este mundo requiere de una buena preparación y seria genial que tengas altos conocimientos a niveles académicos en esta rama.

Sin embargo esto no deja de ser mito, ya que muchos de los más grandes accionistas de la modernidad, se han formado en las escuelas independientes que se han ido creando como consecuencia del auge que ha tenido este negocio los últimos años, algunos incluso lo han hecho basados en el puro empirismo y experiencia en la acción (no es mi recomendación). Desde luego que siempre hay que estudiar, pero no se trata de tener los más grandes honores de Harvard lo que te dará el éxito, será tu determinación de lograr tu meta y hacer realidad tu sueño de convertirte en un gran trader moderno.

Para obtener mayor ganancias debes asumir mayores riesgos

Este es uno de los mitos más recurrentes y a la vez más peligroso, y lo digo porque puede ser una verdad a medias. Puede resultar que esta creencia sea cierta dependiendo desde que ángulo lo veamos, por ejemplo, una acción puede ser que tenga un nivel más alto de riesgo si se compara con un depósito bancario, pero cuando la comparación la hacemos con estrategia de inversión en acciones la mayor rentabilidad se encuentran en las acciones.

Solo quiero tener estas ideas a manera de referencia, mitos abundan por ejemplo: "si quieres ganar compra cuando todos venden, debes siempre caminar delante de los demás trader" y así la lista puede llegar a extenderse en gran manera, no obstante para cubrir todos estos mitos y trabajar de manera segura lo he preparado en el capítulo siguiente, no te detengas ¡avancemos!

Cómo iniciar en el comercio de acciones

Los primeros pasos son los que deben determinar el rumbo de una nueva negociación, y estos deben ser desde luego pasos que sean cortos pero que mantengan la solides de ser un camino seguro a la medida que dichos pasos se den de la manera adecuada.

Lamentablemente el principio del camino y sus corto y cuidadoso andar suelen ser considerados como poco importante, sin detenerse un momento a pensar que los edificios más sólidos tienen su fortaleza en unas bases sólidas, por lo tanto no hay necesidad de querer abarcar demasiado, lo que es realmente importante es comenzar por los detalles.

¿Qué debemos saber?

Conocer el mercado a cabalidad

Lo primero que debemos tratar de descifrar es lo siguiente, ¿Qué es el mercado de valores? No se trata de otra cosa que un mercado en el cual se negocian una serie importante de productos de carácter financieros, dentro de los cuales se encuentra el producto que estamos analizando en este momento como es el caso de las acciones.

Como ya sabemos una acción lleva un enfoque a un título que representa la posesión de una partícula de la empresa representada en el porcentaje del capital que estoy aportando a la empresa con la compra de dicho capital, difiere en relación al resto de los productos financieros fundamentalmente por la naturaleza de sus productos y operaciones, por ejemplo el forex es el intercambio de divisas. De esa manera cada una de las figuras comerciales que realizan sus actividades por medio de la bolsa de valores tiene una característica diferente.

Al igual que la gran mayoría de los mercados este se basa en un principio fundamental, es decir la ley de la oferta y la demanda, si una acción posee una alta solicitud de demanda, sin duda que su precio tendrá una tendencia al alza, pero al contrario si la demanda baja, lógicamente habrá más vendedores que compradores en el mercado.

Vamos a ver los tres puntos fundamentales que necesitas saber y que desde luego considero que son los necesarios para dar inicio a este mundo de negocios.

Punto # 1: La bolsa es un mercado de riesgo y puedes ganar o perder

Debes estar atento en que inviertes, Es necesario que conozcamos la razón por la cual queremos entrar en el mundo de las acciones, es decir, nuestros objetivos de inversión, ya que de lo contrario estaremos a la deriva a la hora de tomar decisiones sobre comprar y vender.

Enfoca la mirada en las maneras seguras, en los posibles riesgos, aprende antes de dar el primer paso, evalúa todos lo necesario sobre un escenario lo más seguro posible para tu capital.

Punto # 2: No existe un método milagroso

Ten cuidado con consejos garantizado sobre el mercado de acciones, ya que esto no existe, sobre todo presta especial atención sobre aquella publicidad fantástica en la que alguna plataforma te ofrece 1500 dólares y un viaje a Dubái con todos los gastos pagos solo si te descargas la interfaz, en este sentido ya tienes un paso adelante con lo que hemos visto el capítulo anterior, sin embargo como no somos infalibles eso creó la necesidad de recordártelo.

Punto # 3: Estudia de forma incansable

Dije que no necesitas ser un universitario, pero jamás dije que no debes ser un profesional, desde luego que para empezar en el negocio no necesitas serlo, pero la idea es que en le proceso te conviertas en un gran profesional de este mercado, por lo tanto debes ser un estudiante asiduo de este negocio, estudiar cada vez más por los medios que sea, puedes apuntarte a un curso, muchas plataformas tienen excelentes escuelas en las ciudades donde operan sus oficinas, de manera que si estás en una de estas ciudades procura de manera inmediata ponerte en contacto con los agentes de dicha empresa, y solicita información sobre las distintas escuela.

Analizar y ordenar tus finanzas:

Debes analizar racionalmente cuánto dinero disponible tienes para ahorrar en un plan mensual y qué parte de tus ahorros puedas invertir. Tener una mente ahorradora y la disciplina, es este caso, es fundamental para la consecución de los objetivos propuestos.

Recuerda una cosa, no es necesario iniciar con una suma grande. Está bien empezar ahorrando un cierto porcentaje de lo que ganas al mes (entre más, mejor) y mantener esta estrategia por un largo plazo. A medida que acumules capital, podrás decidir las características de lo que será tus compañeros de inversión, a saber tu bróker, el tipo de acciones en el que quieres trabajar y desde luego tú equipo de sistema adecuado para tus objetivos.

Conocer y adoptar una estrategia de inversión

La panificación es vital, jamás sería una acción prudente pensar que el solo iniciar sin un plan establecido será suficiente para llevar a cabo este objetivo es imprescindible que busque la asesoría de los expertos en este sentido de manera que te puedan dar la orientación necesaria para ejercer las acciones más inteligentes, para ello puedes contar con la asesoría de entidades bancarias, o corredores de bolsas con una muy ata experiencia en esta materia,

Estos además te podrán asesorar a fin de poder colocar tu dinero en las mejores inversiones, evaluando desde luego las prioridades que dentro del mercado te hayas trazado, situaciones como: el tipo de acción que deseas, el tiempo de retribución entre otros.

Elegir un bróker a tus medidas

Esta tarea te la hemos dejado extremadamente fácil, ya que en el capítulo anterior te dejé una información muy detallada sobre esto, la tarea que te queda con el tema de los bróker seria análogo con la de ir a comprarte unos tenis, es decir, debes evaluar cuál es la que se ajusta a tu medida, cuál posee todo los requerimientos para los propósitos particulares que te hayas trazados como objetivo.

El resto es evaluar que este bróker este regulado por los organismos internacionales pertinentes, que cuente con una trayectoria solidad y la recomendación de un buen número de usuario, el resto solo queda a la merced de tu propio criterio.

Definir la inversión mínima y nuestro tamaño de la operación

Aprende esta premisa, mientras más presupuesto poseas para invertir es posible conseguir mejores condiciones, debes invertir un dinero del que no dependas en el corto plazo. Pero la regla número uno es que nunca, en ninguna circunstancia debes endeudarse para llevar a cabo tus inversiones, sin embargo por extraño que parezca el tamaño de la inversión que se vaya a realizar puede tener un margen de garantía si lo basamos en la edad del inversor.

Cuando se trata de un inversionista que se encuentra en las edades comprendidas entre 20 y 45 años lo que todos los expertos opinan es que debe contar con un portafolio divido de la siguiente manera, 80% deber ser solo de renta variable mientras que el 20% debe ir dedicado a lo que sería renta fija. Si por el contrario nos enfocamos en personas de edades más avanzadas por ejemplo entre 45 y 60 años, le portafolio debería contar con una composición que resulte un tanto más conservadora, es decir que no pase la barrera del 50% de la inversión puesta en instrumentos de renta variable.

Compra tu primera acción

Tras la evaluación de cada uno de los pasos iniciales, es momento de comenzar a ejerces cada principio de los que hemos aprendido, ha llegado la hora de dar el paso que marcará el inicio de tu carrera en el mercado de acciones, recuerda no saltarte ningún paso, cada uno de los que está descrito aquí tiene como objetivo que la compra de acciones seguras y que dicha compra resulte un acto confiable.

Te he dejado una lista de lineamientos que debe considerar toda persona que carezca de experiencia para invertir en bolsa de valores, específicamente en el mundo del mercado de acciones, debes perder cualquier miedo y brindarte a ti mismo la oportunidad de entrar en uno de los mercados más rentables y sobre todos accesibles que existe en el mundo de los negocios web, lo necesario es acceso a internet, algo de dirección pero sobre todo determinación.

6

INVERSIONES A BAJO RIESGO

Si de algo podemos estar seguros en la vida es que no hay nada que no implique un riesgo, el simple hecho de nacer es un riesgo, de hecho una de las cosas más riesgosas que existen. El mundo de los negocios desde luego que también cuenta con esta realidad. En el plano que decidas hacer negocios siempre habrá un margen de posibilidades que algo se salga de las manos, y por supuesto el mundo de los negocios financieros es exactamente igual.

Lo cierto es que siempre contamos con la posibilidad de minimizar el nivel de riesgos, nunca será un margen de 0%, pero aplicando algunos principios en primer lugar principios universales, se puede disminuir significativamente los riesgos del negocio, pero luego de estos principios universales es importante evaluar algunos principios directos al negocio de comercio de acciones, que tras su aplicación estamos hablando que tu dinero cuenta con la garantía de trabajar en pos de tu libertad financiera y no lo contrario.

Este capítulo camina en esa dirección, vamos a ver los principios básicos para hacer negocios, y de igual forma las acciones correctas que se deben tomar en el marco de este negocio.

Disminuye los riesgos diversificando la inversión

Este es un principio que debe marcar cualquier renglón del mundo financiero, sobre todo en el caso de quien se está iniciando dentro del negocio, si todo tu dinero lo mantienes en una sola entidad bancaria, sería lanzar las apuestas muy alta, estás poniendo en las manos de dicha entidad el futuro de tus finanzas, por este motivo lo recomendable siempre ha de ser que varíes en relación a tu inversión,

En el mismo orden de ideas, la ecuación es exactamente aplicable al mundo del negocio de acciones, sobre todo en el caso que nos ocupa en este momento, y es sin duda la poca experiencia. Desde luego que como hemos vistos hay que hacer un buen estudio sobre la empresa en la que tenemos pensado invertir, y por supuesto siempre apostando a que esta empresa triunfe en los objetivos que se ha trazado, lo cual se traduce en beneficios tanto para la empresa como para ti, pero ¿Qué sucedería en caso que cualquier situación sobrevenida lleve la empresa por el rumbo no deseado?

Esto indudablemente se traduce en poner en riesgo todo tu dinero, por esto lo recomendable es que diversifiques tu inversión, no apuestes al éxito de una sola empresa porque algo puede suceder y la intensión es que mantengas la mayor seguridad posible de que tu futuro financiero está a salvo.

Para esto quiero darte una serie de consejos que van a ser de completa utilidad a la hora de adquirir las acciones en las que piensas invertir.

Consejo # 1: Enfócate en el sector

Uno de los principales errores que se puede cometer a la hora de invertir es suponer que si las empresas está cotizando en bolsa es una garantía de éxito, insisto siempre existe el riesgo, ni siquiera en la empresa, sino en el sector que piensa hacer la inversión.

Lo bueno del mercado de acciones es que cuentas con una enorme variedad de sectores en los que puedes invertir, recuerda que puedes enfocarte en la salud, el turismo, la minería, y así sucesivamente, todo cuanto necesitas descubrir es cuáles son los sectores que están reaccionando de manera positiva en el momento de inversión, para graficarlo de alguna manera, imagina que el mundo descubra la mejor alternativa para la salud ambiental en el uso de combustible no fósiles y surge la alternativa tan esperada para competir contra la gasolina o los combustibles del petróleo derivados del petróleo ¿será buena idea invertir en empresas petroleras?

Creo que la respuesta a la interrogantes está clara no sería una inversión inteligente, de manera que antes de pensar en la empresa, piensa en el sector de la inversión y el comportamiento que está teniendo en el mercado mundial.

Consejo # 2: Analiza la empresa

Una vez que se haya establecido los sectores en los que vas invertir ahora si es momento de voltear la mirada hacia las empresas, lo mismo que es importante no apostar a un solo sector, no lo hagas a una sola empresa, diversifica de igual forma el sector y la empresa en el que vas a invertir.

En este sentido hay dos aspectos a evaluar de la

empresa en la que vas a confiar tu capital, lo primero es el análisis fundamental: en este paso debes evaluar aspectos como los resultados que ha tenido la empresa en el mercado, y por otro lado debes verificar los activos del mismo.

Una evaluación de activos requiere la observación de elementos particulares tales como el "PER" (Price Earnings Ratio) esto en castellano sería el equivalente al "precio –beneficio de la acción", determinar la posición porcentual del precio de la acción habría que valorar el PER es decir un PER alto es que la acción está cara, mientras que si este se encuentra bajo la acción da el mismo resultado.

Lo que puede indicar dentro de este negocio un PER alto es que muchos inversionistas están dispuestos a pagar más por la acción, esto se puede traducir en una oportunidad ya que una de las maneras de obtener ganancias puede ser vender acciones en estas circunstancias, el caso del PER bajo sería el indicador contrario a lo que acabo de explicar, pues muchos inversionistas dudan que los beneficios de la empresas crezcan en el futuro próximo de la inversión.

Otro de los factores que es importante evaluar además del PER seria el ROE (Return Of Equity), el

ROE se trata de los indicadores de rentabilidad de la empresa en base a sus recursos, lo que refleja este indicador es los beneficios que aporta en los fondos de la sociedad el rendimiento que es arrojado por las unidades económicas propias de la empresa, sin que sea relevante desde luego la precedencia de dicho recurso, es decir se miden en base a los recursos aportado por los accionistas y los mismos que aportó la empresa.

Lo último que debes estudiar en este sentido es el beneficio que la empresa arroja por acción (BPA), de esta manera podrás determinar si hacer una inversión en ciertas acciones son mejor que otra y desde luego el análisis de cada uno de estos factores te servirá para para saber si cierta empresa es más rentable y más segura, medida con la que será posible que tus decisiones de inversión sean más seguras.

Por otro lado está el análisis técnico, lo que debes hacer es evaluar las tendencias de alta y baja de las acciones en las que pretendes hacer inversión, para poder hacer este análisis hay que desarrollar la comprensión de las gráficas, pero sentido general la evaluación es que si la cotización de la empresa tiene una tendencia constante a la alza, está invitando a la compra, en el caso contrario lo mejor será seguir en busca de mejores opciones.

Consejo # 3: Observa con atención la acción de otros inversores

Es el gran beneficio de algunas de los bróker más importante, la posibilidad de realizar acciones de los inversionistas más experimentados, antes de invertir observa bien si otros apuestan a esas acciones, de hecho puedes establecer comunicación con ellos para evaluar juntos lo productivo o no de algún movimiento, siempre dos serán mejor que uno, así que si un principio es importante y más en este negocio, es apoyarte en los que ya llevan un buen recorrido en este camino.

Presta atención a las comisiones

Ten un especial cuidado de este asunto, la realidad suele ser que un gran número de personas que ingresa en este tipo de negocio uno de los primeros errores suele ser este, es que si no prestas atención al tema de las comisiones, y los gastos que se pueden generar por concepto de las inversión, a la larga puede convertirse en un verdadero dolor de cabeza, por ello no puedes dejar que se te escape ningún detalle.

Todas las órdenes que se emiten por los inversores pueden llegar a producir varios tipos de comisiones, por lo tanto es importante que mantengas una noción lo más claro posible de los distintos tipos de comisiones.

Comisión por compra-venta

Esta es la comisión nuero uno que generan todos los bróker por servir de intermediarios en las operaciones financieras, la manera en que funciones es que el inversionista o trader decide que acción va a comprar (en el caso del mercado de acciones, pero de igual forma es aplicable a cualquier producto financiero), y el bróker se encarga de realizar la compra, y desde luego por esta acción se lleva su ganancia.

Las comisiones pueden variar dependiendo del valor de la compra que vayas a realizar, la manera en que casi todos lo manejan, es bajando los costos de las comisiones a la medida que el valor de la compra sea elevada, pero suele darse los casos en el que la compra puede ser muy baja, para ello entonces se maneja un piso de un coste mínimo por operación.

Comisión de mantenimiento

Esta comisión en casi todos los bróker nuevos esta

eliminada, sin embargo, es en ello que hay que estar muy pendiente de contar con la seguridad de si el bróker que elijas lo aplica o no, este tipo de comisión era una imposición que te hacia el bróker por el derecho de mantener tu cuenta habilitada y además por el privilegio de mantener las acciones depositadas en el mismo, para ello se suele cobrar una cuota fija anual, aunque algunos casos igualmente podía hacerse el cobro mensual incluso quincenal.

Comisiones de custodia

Al igual que en el caso anterior, se trata de una comisión que está eliminado de un gran número de bróker, y el motivo tiene que ver básicamente con la razón de ser de esta comisión, ¡explico! Dado que en otro tiempo los títulos que se adquirían venían en papel físico, el bróker se encargaba de resguardar dicho documento, razón por la que le cobraba un importe al inversionista por hacerles el resguardo del mismo, las razones por las que en este momento no se cobra este importe son más que claras, se trata de un trabajo completamente virtual por lo que no hay nada que resguardar.

Pero a pesar de todo eso siguen habiendo los casos de rezago, so pretexto de la posición de los valores, y en caso de la entrada de nuevos títulos. Puede ejecutar dichos cobros de dos formas particulares, una de ellas es por medio de una tarifa plana, es decir un coste anual sin importar el número de acciones que posea el inversionista, la modalidad de cobro efectivo es un importe que se hace en referencia al valor de la acción y la operación particular.

Comisiones del canon de bolsa

Esta comisión está fijada de manera general por todas las bolsas del mercado, sin importar el bróker con el que hayas decidido trabajar esta tarifa estará impuesta en el mercado, esta comisión se trata de una tarifa única impuesta por los distintos mercado al igual que las bolsas a todos los inversores.

Esto no es una comisión del bróker como tal, no obstantes algunos bróker lo tiene incluido dentro de sus comisiones, así que es importante que observes bien si el bróker que decidas para trabajar, ya ha incluido esta comisión, pero más aún en el caso de que tu operación sea de bajo costos (lo que debe ser normal en el caso de los aprendices) en estas circunstancias se hace muy importante que te asegures que este importe esté incluido en las tarifas del bróker, de lo contrario puedes estar condenando tu trabajo a tarifas excesivas y desde luego ganancias reducidas.

Comisiones por cambios de divisas

Este tipo de comisiones suelen aparecer en aquellos casos en los que hagas operaciones fuera de la zona en la que estás trabajando, y el cobro de las divisas hecha por el bróker sean en monedas distintas, por ejemplo en el caso de aquellos trader que se encuentren en cualquier país de la zona europea, pero haga su inversión en bróker cuya operación está reflejada en otra divisa que no sea el euro, es muy seguro que deberá enfrentarse a este impuesto.

Comisión por cobro de dividendos

En la mayoría de los bróker modernos esta comisión no existe, se trata de una comisión impuesta sobre el pago de los dividendos que reciba el trader, a pesar de no ser muy común hay que tener un especial cuidado en el número de dividendos que algunas empresas acostumbran pagar en un año, por ejemplo existen empresas que acostumbran pagar cuatro dividendos por años, por lo tanto debes calcular que serán cuatro pagos de dicha comisión cada año.

Comisiones por cabio de bróker

Esta comisión se da en el caso de aquel trader que decide hacer cambio de las acciones de un bróker a otro, la causa por la cual el trader decida abandonar la plataforma no es algo que sea relevante para considerar el valor de la operación, sencillamente cada bróker maneja el costo (que de hecho casi siempre son costos muy altos), sin embargo, este tipo de impuestos suele verse amortiguado porque algunos bróker tienen como política hacer un obsequio para los trader que llegue migrando hacia sus plataformas, de manera que se compensa un poco la perdida en la plataforma anterior.

Ahora has visto cada uno de los distintos tipos de comisiones, pero sobre todo es fácil poder entender la magnitud de lo que puede representar para tu inversión un descuido en esta dirección, si la intensión es minimizar el riesgo a la hora de invertir, pon tu ojo aquí. Recuerda que cada bróker tiene su propia característica, de manera que no te vayas a dejar llevar por una información genérica sobre este asunto, debes procurar la mayor objetividad de toda la información a la que accedas.

¿Existen bróker que no cobren comisiones?

La respuesta a esta interrogante a muchos les genera cierta desconfianza, pero la respuesta es que en teoría sí, algunas plataformas, sin embargo esto no debe restar confianza no hay ninguna trampa, solo algunas estrategias que dichas plataformas aplican para obtener buenos resultados en sus ganancias sin hacer uso excesivo de las comisiones que por lo general encuentra en los bróker más conservadores.

En términos generales lo que sucede en estos casos es que los bróker sacan mayor provecho directamente de los spread, aplicando una operación realmente mínima a la operativa.

Pon tu mirada en el largo plazo

Observa lo siguiente, este es un negocio que debe tomarse en serio, la simple idea de querer entrar en este camino por alguna especie de crisis particular, bien sea emocional o económica no te dará buenos resultados, ya he dejado claro que siempre existe la posibilidad de perder, de manera que debes estar de alguna manera sólido para seguir intentando y aprendiendo.

No se triunfa en el mercado de acciones trabajando bajo la desesperación de percibir ganancias al segundo día, debes esforzarte, debes tener la determinación de triunfar, por lo tanto debes tener la paciencia para mirar este negocio con una visión de futuro, sin prisas, ¿Qué tal si te doy algunas de las principales razones para invertir enfocado más a largo plazo que en períodos cortos?

Menos impuestos y menos comisiones

Como es normal cuando inviertes a corto plazo sabes que debes hacer muchas operaciones, y que muchas de esas operaciones implican pago de comisiones, pero no solo eso, quizás obtienes muchos beneficios, pero estos acarrean más impuestos, considera con mucha atención que si no le das la importancia a este tipo de cosas es posible que a la larga te encuentres con número más negativos que positivos en tus contabilidad personal.

Se disminuyen significativamente los errores

La verdad es que mientras más operaciones te mantengas realizando, más probabilidades de cometer errores habrán, y alguien puede pensar "una sola inversión puede suponer un solo gran error", tiene sentido, sin embargo hay que considerar que en las operaciones puede ir incluido algún tipo de emociones y estas emociones pueden sumar o restar efectividad a la operación.

Por consiguiente no es lo mismo una operación bien pensada, calculada, objetiva y con mente fría, que varias operaciones con una buena variedad de emociones en cada una de las distintas emociones que pueden estar influyendo en la operación: sentimientos, voces externas, avaricia y pare usted de contar la cantidad de situaciones emocionales que pueden influir en cada una de esas operaciones, por lo tanto la mejor opción siempre va a ser hacer inversiones a largo plazo.

Invertir a largo plazo te permite corregir alguna mala entrada

No existe un momento perfecto de entrada, si notas que el mercado está en bajada muy continua, da miedo invertir porque temes que pueda seguir bajando, pero si se mantiene en subida deseas ingresar igualmente con el temor que termine la racha, por lo tanto la entrada siempre tiene que estar basada en valores de una evaluación objetiva en relación más a resultados (a largo plazo) que el comportamiento inmediato del mercado, en todo caso siempre contarás con la posibilidad de hacer los ajustes necesarios de darse la situación de haber entrado en un momento no tan favorable.

Recibes más dividendos e intereses

He aquí otra de las desventajas de estar constantemente entrando y saliendo del mercado, cuando crees ganar tiempo en realidad estás perdiendo, mientras estás a la espera del momento oportuno de ingresar en el mercado, no percibirás ningunos de los dividendos, y mucho menos los intereses generados por los títulos de deudas que se hayan otorgado en este período de tiempo.

Mientras tanto en el caso de la inversión a largo plazo no vas a perder ninguno de estos beneficios además de la reinversión de cada uno de ellos.

Invertir a largo plazo es muy sencillo

En definitiva esta viene a ser una de las razones más favorables y de gran peso en cada una de las razones que te he dado, entre tanto que te conviertes en un experto en el negocio del comercio de acciones, hacer las jugadas más fáciles resulta la opción más sensata, solo es necesario que te plantees algunos objetivos, estableces la estrategia a seguir, claro que esta estrategia trae implícita la creación de una cartera diversificada.

Ante todo esto que hemos evaluado queda una sola conclusión a la que podemos llegar, invertir a largo plazo es la posibilidad de hacer una inversión a muy bajo riesgo, pero que además implica menor trabajo, en consecuencia menor esfuerzo.

Cuidado con tus emociones

Es un verdadero peligro permitir que las emociones tome control sobre las decisiones que puedas tomar en este negocio, los sentimientos son el primer enemigo de una persona que entre en este negocio, justo estas son las que lo llevan a tomar las más exageradas y erróneas decisiones.

Toda decisión que vayas a tomar en esta dirección debe estar sujeta a un análisis y estudios objetivos. Pero vamos a dar una paso más largo es todo esto, déjame mostrarte las diferentes emociones que suelen ser las que más influencia puede ejercer a la hora de hacer tus inversiones y cómo trabajar sobre ellas a fin de evitar el peligro de caer en sus influencias.

Ten cuidado con el miedo

Y solo digo que tengas cuidado dado que el miedo no necesariamente tiene que ser algo malo, el miedo puede llegar a ser tu arma de defensa contra los peligros de hacer mal las cosas, de modo que el miedo en sí mismo no está mal, no obstante, si le das cabida a esta emoción al puntos que llegue a paralizarte, ya se ha convertido en un peligro.

Si estás muy concentrado en el temor de no perder tu dinero, posiblemente puedas cometer algunas imprudencias, una de las más comunes es aquel que ante un rebote suele entrar en pánico, al punto que es capaz de cerrar alguna operación cuando en realidad no debía hacerlo.

Aparta la codicia de tu jugada

Este si es un sentimiento que debes luchar a toda costa por dejar fuera de tus operaciones, el inversor que solo quiere ganar y ganar, y cada vez que eso se multiplique a más, solo trae los resultados más dolorosos. Por ello insisto debes manejar tus jugadas de manera calmada, de forma pausada y consciente.

La euforia no es tan buena como parece

Sobre todo en los particulares momentos en los que hayas tenido algún buen resultado, esos momentos en que los pronósticos se dieron tal como lo esperaba, no dejes que ese estado de ánimo que es el reflejo del gozo que puede generar "la buena racha", te lleve a ejercer acciones precipitadas que luego debas lamentar.

La tristeza es mal ingrediente en las acciones

Lamentablemente nuestra sociedad está enseñada a subir la motivación gastando, cuando una persona está triste suele ir justamente a los lugares que por naturaleza suelen ser lugares donde se gasta dinero, centro comerciales, cine, etc., la distracción número uno en el contexto de la generación de este siglo suele ser gastar, este sentimiento puede activar esas áreas y llevar a que hayan acciones no meditadas en el mundo del mercado financiero, lo que se puede traducir en perdida innecesaria de capital.

Cuidado con la envidia

Contra este sentimiento deben tener un especial cuidado sobre todo en los bróker de social trading, incluso puede aparecer disfrazado de buena intención, pero querer tener lo que otro logró es altamente peligroso, sobre todo en los casos donde no se tiene la experiencia que tiene el otro, aprende de lo que ha hecho el experto, pero no anhele lo que él ha logrado, puedes terminar por hacer las cosas de manera incorrecta, crea tu propia carrera, sobre todo siguiendo cada consejo de los que te he expuesto aquí.

Invertir en acciones, pero en término general trabajar con bolsa requiere serenidad, una mente fresca y sin sobre carga, la mejor manera de hacer buenas negociaciones y a su vez minimizar las posibilidades de riesgos, siempre van a requerir una mente equilibrada, por lo tanto antes de cada paso que vayas a dar asegúrate de tomar el tiempo de reflexión que sea necesario para garantizar la menor cantidad de errores posibles.

No te saltes pasos

Así quiero cerrar este capítulo, evaluando el principio de vida más importante en cualquier área, estoy seguro que no empezaste en el sistema educativo a partir de la universidad, sino que debiste pasar por todo un proceso, que te fue llevando paso a paso por todo el proceso que requerías para cumplir con el propósito de convertirte en un profesional.

En este sentido es tan igual y quizás más importante, no puedes tomar como algo trivial lo que puede marcar la diferencia entre tu éxito en la vida y la posibilidad de poner en peligro tus ahorros, tu dinero, que incluso puede ser todo tú capital, por ello creo que no había mejor manera de cerrar este capítulo que con esta recomendación, lleva todo este negocio dando cada paso, no importa que no sea lo rápido que deseas, lo que sí es importante es que sean seguros, estudia todo cuanto puedas, evalúa cada uno de los principios y solo cuando ya hayas logrado esto, es momento de avanzar al siguiente paso.

No hay garantía, claro está, siempre puede haber la posibilidad de que algo se escape de la mano, pero solo sé algo, si cumples con el método que te ha sido dado en medio de todo este capítulo, la posibilidad de que cometas errores innecesarios va a disminuir de manera drástica.

7

INVERSIONES SEGURAS PARA LA DÉCADA DEL 2020

Es el momento de darte la bienvenida oficial al negocio del mercado de acciones, en este capítulo vas a encontrar una valoración de las propuestas más interesantes en materia de inversión para una década, que desde los momentos previos a su inicio maneja una dinámica que merece la pena observar bien, pues en medio de dicha observación podemos hacer conclusiones interesante respecto a las jugadas más importante que debemos dar en este período en particular.

Ya tienes el 90% de todo cuanto resulta necesario para llevar a cabo este negocio, solo requieres de un valor extra que no hay posibilidad de que pueda ser transmitido por un libro, ni un curso ni nada de naturalezas similares, pues todo lo que necesitas para garantizar tu éxito en el mercado de acciones es la experiencia, y se da la particularidad que esa no se adquiere a manera de título, esta se consigue es en el campo de trabajo, en la acción.

Por este motivo el capítulo que nos ocupa en este momento es un capítulo de acción, hacia donde nos dirigimos a partir de este momento, es hacia donde quiero que enfoques tu mirada, esto con el fin de asegurar que vayas con todas las herramientas para llevar a cabo inversiones inteligente.

En este sentido, lo que propongo entre otras cosas es hacer una evaluación del mercado para la década naciente, tienes un margen de diez años con la ventaja de encontrarnos en el nacimiento de dicha década, ¿cuáles son las estimaciones comerciales para este momento puntual? Es momento de descubrirlo.

Una evaluación retrospectiva

Iniciar negocios de acciones en este periodo de la historia en la que estamos encerrados nos obliga a hacer estimaciones necesarias de la dinámica que vamos dejando atrás, para de esta manera hacer una justa proyección hacia el futuro, el periodo comercial de la segunda década del 2000 cerró con algunas características que precisan observarse más de cerca.

El hecho más destacado de este cierre de década (año 2019) fue la tensión comercial entre los dos poderosos de la economía mundial, como es el caso de los Estados Unidos y China, pero en medio de toda esta tensión por parte de estos dos países, y contra todo pronóstico, los mercados bursátiles correspondiente al país norteamericano lograron establecer niveles de record de los precios de los mercados.

Todos los indicadores además de los análisis más importantes del mercado financiero parecen señalar que los años que se avecinan traen elementos muy interesantes para todos los inversionistas de acciones, por este motivo es imprescindible fijar la atención necesaria para sacar el mejor provecho de ese momento coyuntural en el mercado de acciones.

Desde luego que nada está dicho, se requiere un arduo trabajo para poder evaluar las mejores opciones de compra para este periodo, dado que pese a las bondades del comportamiento del mercado de acciones, no se puede tomar con ligereza, se requiere tener una visión en tres direcciones, lo primero es una buena investigación, luego la preparación, para así poder obtener como resultado poder acceder a los productos adecuados dentro del mercado.

En consecuencia a continuación te traigo algunas de las estimaciones más importantes este sentido para que inicies con buen pie.

Mirando hacia el mercado europeo

Este mercado ha estado algo inquieto los últimos años, sabemos y desde luego que no es un secreto para nadie que todo el problema político por el que atravesó el reino unido para el año 2018 en relación a su estatus de país miembro de la unión europea, trajo consigo un movimiento de caída muy fuerte en el tema de los mercados bursátiles, esto al punto que muchos inversores retiraran sus inversiones de este país por la desconfianza que generara todo este proceso en el mercado europeo.

No obstante, esta situación se fue mejorando de manera significativa para el año siguiente, y es así como para finales del 2019 estuvo marcado por el retorno de gran número de inversores en el mercado de la bolsa de valores, desde luego que esta confianza a retornado como consecuencia de las compañías solidas que se han mantenido fortalecidas en medio de toda esta situación.

Veamos algunas de las empresas del contexto europeo que requieren de nuestra atención y que pudieran estar dándonos señales de ser buena opción a la hora de invertir.

Volkswagen una recuperación esperada

El monstruo alemán de tecnología automovilística Volkswagen, es una de las empresas que sufrió un fuerte colapso en la década pasada, tras alcanzar sus picos históricos en el valor de las acciones a mediados del año 2015, el escándalo por haber falseado algunos resultado de emisión por el uso de un combustible engañoso lo llevó al desplome de las acciones con una caída de más del 65% lo que llevó a apartar la mirada por parte de gran número de inversionistas.

Sin embargo la empresa alemana ha venido haciendo grandes esfuerzos por recuperarse de esta situación, y tal parece que todos los indicadores señalan que puede ser una de las mejores opciones para la década entrante.

Los análisis que se han venido realizando en varias escuelas de inversión en torno a este gigante de la industria de automóviles, parecen señalar claramente que las acciones de estas empresas se están elevando de una manera muy atractiva, y que posiblemente esta tendencia se mantenga, los últimos meses de evaluación en esta empresa han demostrado una significativa recuperación, aunque con algunos periodos de estancamientos del valor de las acciones, por lo que se ha mantenido en un valor aproximado de 180 Euros por acción, de acuerdo a la estimación de muchos expertos existe una muy alta probabilidad de que en los próximos años esta empresa pueda llegar a los picos record tal como llegaron en el año 2015.

Entre los aspectos importantes de la empresa de coches alemanes es que está ofertando buenas oportunidades a sus inversores, como medio de motivación a fin de promover la recuperación económica de la empresa, y desde luego captar la confianza de nuevos inversionistas que apuesten al sector, para inicios de esta década la empresa está ofreciendo un total de 4.86 euros de dividendo por cada acción, creo que vale la pena prestar atención al comportamiento de esta compañía a los próximos años.

Nokia promete volver

En la misma línea de los mercados europeos, es recomendable para los años que vienen dar una miradita a este gigante de la telefonía celular, no es un secreto que la supremacía de las empresas chinas y estadounidense del mercado de los Smartphone, habían dejado fuera de juego a esta empresa de celulares que en otros tiempo contó con la supremacía de los mercados de acciones.

Sin embargo a pesar de esos índices negativos la empresa no se rinde y muchos expertos aseguran que vienen mejores años para ella y sin duda que va a entrar nuevamente en el mercado, la tecnología 5G de hecho es la que grita por todas parte el boom en el que posiblemente ingrese esta empresa, ya que solo tres son las que están en la jugada de ella y sabemos que Nokia es una de esas tres, el resto sería Ericsson y Huawey.

Vamos a dar un salto por un momento al mercado de acciones del país norteamericano, qué es lo que este país ofrece en relación a inversión para los próximos años, quiero aclarar que las estimaciones que te he dado se trata del consenso de muchos expertos y los análisis que muchos hemos realizado sobre esto, la ideas es poder brindarte datos basados en el análisis técnico y no en una mera especulación, vamos a dar un vistazo a las inversiones, continuemos nuestra evaluación.

Amazon, el líder en mercados web

Sin duda que esta sigue siendo una de las empresas más sólidas del mercado estadounidense y los resultados que esta empresa ha tenido, aunque han podido ser un tanto difusas no dejan de sorprender dentro del mercado, es que Amazon cuenta con una enorme variedad de productos que demuestra la impresionante capacidad de generar ganancia por parte de le empresa, de manera que cualquier inversionista puede hacer sus inversiones sin problema alguno.

Sin embargo hay elementos importantes de tener en cuenta acerca de esta empresa y es fundamentalmente el tema de los dividendos, pues Amazon no es una empresa que suela hacer pago de dividendos anuales sino que la tendencia de la empresa es incrementar el valor de las acciones, por lo tanto si a la hora de invertir estás en busca de una empresa que te genere dividendos de manera anual, definitivamente Amazon no es la mejor opción para ti, pero si tu proyección es la de hacer inversiones a largo plazo (que es lo que recomiendo, aunque siempre estará sujeto a tus prioridades) la recomendación es concéntrate en Amazon, sin duda puede tu oportunidad.

Bank Of American

De acuerdo a todos los análisis técnicos llevados a cabo por parte de los más grandes expertos en el mundo del trading y el mercado de acciones, concuerdan con la idea que Bank Of American es una de las mejores opciones para invertir en los albores de la nueva década, la compañía ha sido autorizada para incrementar los valores de sus dividendos, razón que resulta muy atractiva para los inversores que esperan resultados a corto plazo.

De hecho las estadísticas de estimación en base los resultados de esta empresa, se ha considerad en el año 2020 al Bank Of American como una de las empresas líderes en este rubro, para finales del año 2019 la empresa contó con un aproximado de 66 millones de clientes, pero solo en el territorio estadounidense, una de las principales razones por las que se ha convertido en una de las más grandes del mercado, se debe a la inversión que el banco tiene sobre un total de 4350 centros comerciales, y la activación cada vez más creciente del servicio de banca a través de la web.

En medio de la crisis económica que se vivió en el sector financiero en el año 2008, esta empresa incurrió en una pérdida de un aproximado de 134 mil millones de dólares, pero no solo esto sino que además por concepto de procedimientos legales este banco se encontró con una pérdida de un aproximado de 64 mil millones de dólares, por lo que para la fecha se vio sumergida en una muy profunda crisis financiera, sin embargo, la recuperación aunque desde la perspectiva de muchos pudo haber sido un tanto lenta, hoy por hoy promete ser una de las empresas más sólida en mercados financieros.

Ha sido gracias a la gestión de Brian Moynihan (Ceo del banco) que se logró reestructurar todo el funcionamiento dando pasos muy modestos pero seguros, y ha convertido esta entidad bancaria norteamericana en una de las opciones de esta nueva década, de hecho de acuerdo a la estimación de muchos especialistas está muy cerca de llegar a su pico histórico que fue de 55 dólares por acción.

Nota: para el momento en que te presento este análisis el valor de la acción ha tenido un aproximado de incremento de un 1,3% los últimos 5 días, la tendencia parece estar enfocada en la alza.

Repsol sigue su desarrollo

Volviendo por un momento a alguna de las empresas más importantes del continente europeo, demos un vistazo a esta trasnacional, que por cierto viene desde hace algún tiempo intentando diversificar el negocio, ¿el propósito? La intensión de los ejecutivos de Repsol es crear nuevas divisiones con un enfoque en el desarrollo de otras líneas de negocio como son los renovables.

Una de las apuestas más grandes de la empresa española es la de convertirse para el año 2050 en la empresa líder de cero emisiones, por lo que para finales del año 2019 presento una plan de des carbonización, y junto a todo esto ha puesto en marcha uno de los planes de reparto de acciones para empleados, los que podrán recibir una porción de la retribución en títulos, todas las acciones tomadas por la empresa y los resultados que las imágenes han demostrado respecto al comportamiento de la misma en el marco del mercado de valores, lo arroja sin duda alguna como una de las empresas más prometedoras para la próxima década.

Estas son las principales empresas con las que puedes comenzar a dar un vistazo a la posibilidad de invertir, pero el número de empresas con características de alza son muchas, solo he querido darte a manera de orientación las más resaltantes e importantes de acuerdo a la estimación de muchos expertos, pero por ejemplo existen muchas oportunidades de inversión en países como china, uno de las más grandes competencias a la que ha debido enfrentarse el mercado estadounidense.

Alibaba es una de esas empresas, el año pasado alcanzó un máximo histórico de 230 dólares por acción, considerando que es una empresa que recién comenzó a cotizar en la bolsa de valores de Hong Kong, sus números resultan realmente impresionantes, Cellnext igualmente fue una de las grandes sorpresas de finales del año 2019, con una duplicación de su valor casi al finalizar el ejercicio, en este sentido, se cree que la tendencia a la alza podría seguir el mismo camino.

Ya para finalizar este capítulo quiero dejar claro una cosa, los datos aquí aportados jamás deben ser considerados como recomendaciones concluyentes, la verdad es que muchos factores inesperados pueden aparecer y cambiar la tendencia, que por muy marcada que esta sea siempre hay una posibilidad de que esto suceda, por lo tanto jamás debe entenderse como una opción sine qua non, lo verdaderamente objetivo en este caso es observar, consultar y tomar una decisión.

8

CONSEJOS FINALES

Todo cuanto necesitas saber sobre el negocio de comercio de acciones lo tienes en este compendio que he dejado listo para ti con la información puntual que necesitas sobre este asunto, sin embargo, tal como te mostré en el capítulo anterior nada está completamente dicho en este negocio así que para cerrar hay ciertos consejos finales que necesitas saber, sobre ello vamos a hablar en este momento.

Invierte en compañías cotizadas

En otro capítulo te di algunas pautas que debes tomar para realzar análisis sobre el mercado, los cuales deben predominar a la hora de hacer evaluaciones para diversificar la inversión, no obstante por el momento (hasta que cuentes con buena experiencia de análisis) te recomiendo que hagas negocios con empresas que se encuentren cotizadas, esto te brinda por lo menos un mayor margen de garantía de comenzar a ver resultados palpables, posiblemente los resultados no sean los más atractivos, pero van a mantenerte dentro del margen del éxito y sin correr muchos riesgos.

En este sentido te he dejado algunas de las más importantes en el capítulo anterior para que te puedas hacer una idea de la dirección en la que estoy hablando, y sé que puede surgir la pregunta ¿por qué no invertir siempre en estas empresas? Es lógico pensar que sí es seguro al principio hacer esto, por qué no hacerlo siempre.

¡Te explico! Las empresas consolidadas y de gran trayectoria ofrecen beneficios muy limitados, aunque no quiere decir esto que estén mal ni que sean todas, pero la oferta de buenos beneficios por lo general lo maneja empresas emergentes, en esto radica el riesgo y el beneficio, en saber aprovechar las oportunidades de este tipo de empresas pero con un análisis adecuado, por ello es que te recomiendo, por lo pronto juega a la "segura" hasta que tengas la capacidad de hacer evaluaciones profundas y te ayude a minimizar el riesgo en tu inversión.

Sácale partido a la cuenta demo

Sobre este aspecto es poco lo que he dicho, las cuentas demos son una gran ventajas antes de iniciar el trabajo de manera oficial, la mayoría de los bróker te ofrecen la posibilidad de acceder a una cuenta demo, con el fin de poder realizar prácticas antes de dar los primeros pasos en este negocio, por lo tanto no dejes de lado esta figura que te ofrecen los bróker, presta la mayor atención a este particular y saca todos los beneficios que te ofrece.

Beneficios de las cuentas demo

Lo primero que hay que entender de este tipo de cuenta es que no se trata de un juego, las cuentas demos son replicas exactamente igual a las cuentas reales, solo que es la oportunidad de poder realizar todas las operaciones con un margen de riesgo absolutamente en 0%, ya que en el caso de esta forma de bróker no requiere de tu dinero para operar, sino que opera con un dinero ficticio aportado por la misma plataforma.

Pero esto no significa que todo sea algo ficticio, de hecho las operaciones que vas a realizar en muchas de las cuentas demos está basada en el comportamiento financiero en tiempo real, solo que tus operaciones no tendrán ningún efecto verdadero en las negociaciones que realices.

Todo esto te llevará a entender de una forma muy práctica el funcionamiento de la plataforma, de manera que al momento de iniciar tus operaciones reales ya estarás preparado para lo que viene.

Otro de los beneficios que te ofrece trabajar inicialmente con los demos es que puedes ir desarrollando tus estrategias de inversión con tiempo, lo importante es que al iniciar tus operaciones ya tengas todo listo para entrar con grandes oportunidades de triunfar en este negocio.

Algunas desventajas

Lo más peligroso del uso de este mecanismo de aprendizaje es la posibilidad de perder el respeto por el oficio, asumamos que ha principio todo marche viento en popa, y te encuentres con una racha en la que todo resulta bien y le da la apariencia de fácil, se corre el peligro de dos cosas: la primera es desarrollar una peligrosa autoconfianza, pero además el peligro de iniciar antes de tiempo y abandonar el aprendizaje.

Por otro lado la triste posibilidad de desarrollar malos hábitos producto del exceso de confianza desarrollado por la demo es otro gran peligro, mientras que se acentúa la realidad que no contará con la posibilidad de ver como actúas en una situación real, ante una inversión de riesgo.

Recomendación

No hagas movimiento en demos mientras tengas la idea "seguridad", debes convencerte del todo que lo que estás poniendo en riesgo es tu dinero, debes sentir el mismo respeto por el dinero virtual tal como lo harías si se tratara de una inversión real. Aprovecha la cuenta demo hasta el límite impuesto por el bróker, no dejes de usarlo entre tanto no se haya agotado el tiempo o no hayas adquirido la experiencia suficiente para poder comenzar a operar solo.

Desarrolla la paciencia

Si algún negocio requiere de tu empeño y paciencia es indudablemente el negocio de la inversión en bolsa de valores, para poder obtener el triunfo que se espera en este tipo de negocios debes juntar un par de ingredientes que son, además de la experiencia que debes ir adquiriendo y poniendo todo tu empeño en lograr, la tenacidad, la constancia, pero sobre todo la paciencia, por eso te mencioné que antes, que entrar en el mundo del mercado de acciones no debe hacerse por crisis económica.

De hecho debes hacer todo el esfuerzo por mantenerte en un estado de paz y tratar de minimizar cualquier sentimiento que te genere excitación, ya que esto puede restarte efectividad al mantener tu concentración puesta en otros asuntos, debes definir exactamente a dónde quieres llegar y justo en eso debes enfocar toda tu concentración.

Sobre la paciencia como medio de lograr objetivos financieros, cuentas con un gran número de ejemplos, uno de los más resaltantes, es el caso de uno de los personajes más icónicos del mundo de las inversiones en bolsa de valores, el señor Warrent Buffett, cuya historia sobre todo de paciencia ha sido motivo de inspiración para muchos.

No obstante alguien puede asegurar que es fácil para un señor que tiene todo el dinero que necesita en el mundo para solucionar cualquier inconveniente, hacer inversiones y sentarse a esperar, pero no siempre fue así, ya que su primera lección la aprendió con apenas 11 años cuando adquirió sus primeros tres títulos que los compró por tan solo 38 dólares, para luego venderlos en muy poco tiempo en 48 dólares.

Quizás fue una gran victoria para la corta mente de aquel niño aquella modestia ganancia, pero la verdadera enseñanza vino cuando se enteró unos años más tarde, que las mismas acciones estaban cotizando por un aproximado de 200 dólares cada una, el aprendizaje no se dejó esperar, de esta experiencia es que surge una de sus más celebres frases "la paciencia paga".

Una de las expresiones más impactante de las que he tenido la virtud de escuchar por parte de este exitoso caballero respecto a la paciencia, surge de una pregunta que una vez le hicieran ¿cuánto tiempo debemos esperar? A lo que este contesto de forma muy segura, "si estamos en el lugar correcto la espera ha de ser indefinida". La enseñanza está clara, si quieres lograr la verdadera independencia económica, si quieres en realidad sacar el mayor provecho a este universo de negocios, debes saber esperar.

CONCLUSIÓN

Superar la barrera entre el "yo quiero y el yo hice" requiere de una sola cosa, la oportunidad, yo conté con esa fortuna y los resultados han hablado por si solos, ingresar en el mundo de las finanzas y sobretodo en este enorme universo de los negocios por medio de la bolsa de valores, ha sido un camino que ha ocasionado todo tipo de sensaciones, creo incluso que puedo describir cada una de las fases por las que se pasa al encontrarnos con la posibilidad de hacer las primeras inversiones, sin la costumbre de no tener el capital en mano y confiar en la experiencia de quienes lo han logrado a través de mecanismos importantes como los bróker.

Lo primero con lo que me encontré fue con excitación, es normal ante lo novedoso, al mejor estilo del niño cuando espera despertar tras la noche de navidad, la emoción que le embarga tras saber que le espera un encuentro con su anhelado regalo. De seguro eso nos pasa a todos los que andamos en la búsqueda del negocio de nuestros sueños, y comprendemos al menos levemente los beneficios de contar con la accesibilidad a este tipo de negocio.

Pero luego tras encontrarte con la realidad de toda la estructura de trabajo de este sistema, y ver que debes dejar tu dinero en manos de un tercero, comienza a surgir una especie de miedo que pone a dudar, una vez superado el miedo es momento de enfrentarte nuevamente a la ansiedad por querer ver resultados cuanto antes, hasta que finalmente entiendes que todo consiste en saber el verdadero secreto de la jugada, "paciencia"

Por este motivo es que he querido brindarte la posibilidad de librarte de algunos de los pasos emocionales que te acabo de describir. Para poder tener éxito en este negocio se requiere un perfecto equilibrio entre todos los aspectos, lo primero es no dejarte influenciar por el temor, pero igualmente debes cuidarte de exceso de confianza, la impaciencia y cualquier otro sentimiento intruso que quiera interferir en los buenos procesos para triunfar.

Por lo demás debes ver con detenimiento cada uno de los aspectos del comercio de acciones, entenderlo a la perfección desde el aspecto técnico es imprescindible, por ello te he dejado un cuidadoso y puntual estudio sobre lo que es este negocio, no obstante me he esforzado por no perder la oportunidad de aclarar cada uno de los detalles realmente importante.

A partir del primer capítulo comienza una visión amplia y detallada sobre lo que es el comercio de acciones, la bolsa de valores y todos estos aspectos importante, es que la base de todo negocio está en saber la procedencia de dicho negocio.

Sobre todo en tiempos como este, en los que una de las maneras de hacer negocio resulta ser el mundo web, y esto sí que representa un verdadero peligro, ¿Cómo se puede seguir el rastro de esa empresa que promete ser el negocio del siglo, y más aún cuando ni siquiera contamos con la garantía de saber de dónde proviene dicho negocio, quién lo fundó y el soporte legal que garantice la transparencia de dicho negocio?

Entonces es completamente normal tener miedo para entrar, pero a diferencia de esos negocios fantasmas de fórmulas modernas inventadas por un gurú, el comercio de acciones a través de la bolsa de valores no es más que un instrumento modernizado por las nuevas tendencias, de un oficio que data de muchos años de historia, pero que incluso cuenta con fechas de su formación como institución, por eso toda la información que has encontrado en el capítulo número uno.

Pero otro elemento que garantiza tener éxito en un negocio determinado es conocer el producto que estas utilizando, imagina el primer vendedor de aspiradoras del mundo, que por cierto salió a vender la primera aspiradora sin que antes nadie le explique de que se trata, la conclusión primera que puede sacar una persona que nunca vio el mecanismo sin una explicación previa sobre su funcionamiento es que la basura cobró vida y camina hacia ese tubo de poderes mágicos.

Desde luego que la analogía exagera un poco, pero qué habría pasado si quizás alguien solo me dice "invierte en acciones ¡es un buen negocio!" y ya, todo queda ahí, de seguro estaría administrando una zapatera o cualquier tipo de negocio extremadamente distante de este mundo del mercado de acciones.

No puedes llegar a tu negocio sin antes conocer a plenitud tu producto, y desde luego ingresar en el mercado de valores debes sí o sí recibir la mejor información posible sobre dicho producto, pero sobre todo, en el caso en el que el producto cuenta con variedades como es el caso de las acciones, es imprescindible tener muy en cuenta las diferencias.

De la cantidad de negocios o inversiones que se pueden llevar a cabo ¿qué es lo que hace que el mercado de acciones sea tan atractivo? Para resolver esta incógnita dejé todo un capítulo dedicado a eso, debes internalizar cada una de las verdades expuestas allí, ya que es un repaso punto a punto de cada una de las motivaciones más objetivas que puedes encontrar en este mundo de acciones.

No es una visión fanática o fundamentalista ya que no estoy cerrado a la posibilidad de hacer inter-esantes inversiones en otro dominio, desde luego que es una posibilidad, y claro que grandes hombres de la historia han logrado acumular grandes fortunas con cualquier cantidad de modelos de negocio, sin embargo, en lo que a mí respecta debo mostrarte justo de lo que he sacado mi mayor provecho y hablando de resultados positivos, es el mercado de acciones lo que en realidad ha sido la base de la economía que he logrado cuando de inversiones se trata.

Cada uno de los principios está elaborado de manera sencilla a fin de ser lo más amigable posible con el lector, y los aspectos más técnicos del negocio he intentado reflejarlos de manera muy clara pero sin que pierda la esencia del tema, como el caso de los bróker, tan atractivos y a la vez tan intimidante.

La primera vez que me encontré cara a cara con una interfaz de un bróker inmediatamente asumí que estaba en el lugar equivocado, tratando de hacer negocios en un área que en definitiva no era la mía, rayas de colores, unas subían otras bajaban, me resultaba muy parecido a entrar a una sala de pintura llena de toda suerte de cuadros con pinturas abstractas, estaba convencido que esta sería mi más grande barrera al iniciar en este negocio, sin sospechar lo amigable que resultaban estas plataformas.

Desde luego que como en todo, hay cada una para cada caso, y cada cual con sus peculiaridades y características. No son perfectas, claro está, pero es que en la vida creo que no se encuentre algo con esa característica, sin embargo, dentro del mundo de lo bueno las mejores te las he dejado en una lista, evalúa bien cada aspecto de cada una de ella, sus características particulares, pero sobre todo presta atención a lo referente a las ventajas y desventajas que representan cada una de estas plataformas bróker reflejadas en el capítulo 4.

Y sobre todo recuerda que se trata de considerar con sinceridad el hecho de la condición en la que te puedas encontrar a la hora de elegir un bróker para comenzar a hacer tus operaciones, me refiero específicamente a la experiencia que te acompañe.

No olvides el tema del demo, este aspecto debe marcar uno de los principales intereses que deben embargarte a la hora de asumir el reto de ingresar en este negocio, no debes perder de vista que justo esta característica de tu bróker elegido será la que te ayudará a tomar algo de ventaja sobre los posibles riesgos de la inexperiencia.

Una vez que hayas aprendido y evaluado paso a paso cada uno de los aspecto anteriores es momento entonces de ver más de cerca la posibilidad de ingresar en el negocio, paso a paso, tienes en el capítulo 5 el cómo iniciar, ahora sí, llevado al plano de lo real, consejos puntuales de cada una de las acciones que debes seguir desde la organización en el plano mental e intelectual hasta la adquisición de tu bróker, la primera inversión, las cantidad de inversión, la manera en que debes invertir, etc.

Esa inversión es el punto de entrada en el negocio de manera oficial, pero tal como ha quedado claro, se incurren en riesgos, por ello te dejé todo un capitulo con pasos exhaustivos para que puedas minimizar el rango de posibilidades de cometer errores que puedan hacer que tu capital se pierda.

Una de las mejores informaciones que he querido regalarte es la información sobre las principales empresas en la que debes fijar tu mirada, y sé que solo dejé una lista de las empresas más destacadas en el mundo de las acciones, que por lo general puede ser que cuente con los beneficios menos significativos, no obstante, esta conclusión puede ser resultado de una motivación errónea en medio de la inversión, inversiones a corto plazo es lo mismo que ganancias bajas, por el contrario en la medida que hagas inversiones que sean más duraderas en el tiempo, será la posibilidad de adquirir mejores ganancias.

Ten cada cosa clara y cada idea bien establecida respecto a este negocio, finalmente tienes unos pequeños consejos, no los olvides, ponlos en práctica cada uno de ellos pues cada uno de los consejos que puedes encontrar en este libro está diseñados para garantizar que tus operaciones sean lo más segura posible.

En conclusión, hacer negocio es posible, hacerlo en casa es igualmente posible, tener altas probabilidades de éxito es casi una garantía, todo depende de ti y el deseo de hacer las cosas de manera correcta.

MAESTRÍA PARA INVERTIR EN FOREX

LA GUÍA DE INICIO RÁPIDA PARA PRINCIPIANTES PARA GANAR DINERO CON ESTRATEGIAS AVANZADAS DE TRADING AL DÍA. DESCUBRE LA PSICOLOGÍA SECRETA DEL TRADING PARA CREAR RIQUEZA, Y RETIRARSE SIENDO MILLONARIO

INTRODUCCIÓN

La oportunidad de darle un rumbo a nuestras vidas financieras y lograr la libertad que todos anhelamos, se ha hecho presente en estos tiempos más que nunca antes en la historia, las frases "bolsa de valores, índice bursátil, mercado de divisas" y otras por el estilo, habían estado reservadas exclusivamente para una pequeña elite que por las razones que fueran manejaban la economía, poder ingresar al mundo de los negocios financieros era no más que un sueño lejano para muchos.

De los diferentes tipos de productos financieros el mercado de divisas (forex) es uno de los más rentables que pueden existir, pero el atractivo de este tipo de mercado no es solo la rentabilidad, uno de sus fuertes es la accesibilidad que podemos tener al mismo.

El mercado financiero es amplio hay muchas opciones de inversión y desde luego existe una gran opción de participar de cada uno de ellos, pero los niveles de posibilidades que ofrece el forex no los encontrarás nunca en otro mercado, pero todo esto lo digo considerando a aquellos que desean entrar al mercado al igual que lo hice yo, buscando una oportunidad de liberarme en el aspecto financiero y no tener las maneras de hacer grandes inversiones.

Sin duda que lo ideal puede ser invertir en grande, pues a mayor inversión mayor ganancia, esta ecuación no requiere de mucho análisis, por lo que igualmente es un buen negocio para aquellos que pueden invertir más, sin embargo, siempre será importante tomar algunas previsiones en este sentido, seas un pequeño o gran inversionista.

Las previsiones las encuentras aquí, cada capítulo está diseñado para que pueda servirte como guía, de manera que al momento de entrar al negocio, lo hagas de la forma más inteligente posible y asumas la menor cantidad de riesgo.

Es que uno de los más grandes enemigos al que te puedes enfrentar tras iniciar en el mundo del mercado financiero, será subestimar los posibles riesgos a los que te puedas enfrentar en el negocio, esto es un principio aplicable ciento por ciento a cualquier tipo de inversión, de manera que no se trata de ser anunciante de ningún mal agüero respecto a este negocio, todo negocio representa un potencial peligro a la medida de no hacerlo de la forma adecuada, y siguiendo los parámetros que rigen dicho negocio, en consecuencia, nunca debes sentirte seguro a la hora de iniciar cualquier negocio que este decidido a iniciar.

Todo lo anterior supone que antes de ingresar al mundo de forex dispongas de la mayor información que puedas encontrar sobre el tema. En ese sentido he querido ponerte al tanto de todos los aspectos importantes de un tema que suele ser tan amplio como es el forex trading, todo lo que necesitas saber lo encuentras aquí.

Antes de iniciar debes cumplir con una tarea, vamos a despejar los términos para que nuestro enfoque este más claro, pese a que el forex trading opera en la misma plataforma que otra serie de productos financieros hay que marcar la diferencia, entonces, el mercado de divisas es solo uno de los tantos productos con los que puedas operar en las distintas plataformas pero en ellas mismas te puedes encontrar con mercado de acciones, materias primas, bonos y otros que igualmente suelen representar buenos negocios aunque cada cual con sus propias particularidades.

¿Estás completamente seguro qué es forex? Claro, ya todos sabemos que se trata del mercado de divisas, pero ¿Qué quiere decir esto de "mercado de divisas" cómo opera, cómo obtengo ganancias?, estoy convencido que todas estas son interrogantes normales que muchos, de los que últimamente escuchan la palabra forex por todos lado se pueden estar haciendo.

El término se ha puesto de moda, y no en vano, muchos de los que han entrado al negocio de forex se han convertido en asiduos multiplicadores de las bondades del negocio, sin embargo lo, que puede escasear un poco (por lo menos en aspectos foráneos al negocio) es la explicación del tema, cómo es que se come todo esto de forex, de hecho un muy alto porcentaje de los que alguna vez han tenido alguna cercanía con el tema ha sido con la intensión de despejar la duda respecto al solo significado de la palabra.

Así es que en el primer capítulo he dejado todo el panorama despejado, he sido completamente claro sobre lo que es forex y lo que esto representa para el hombre de negocios modernos, pero no llega solo hasta ahí, ante la incertidumbre que pueda existir sobre entrar o no entrar en este mercado de finanzas, voy a tocar algunas de las razones por las que elegir hacer forex es una de las mejores decisiones posibles, desde luego que todo lo expondré desde la mayor objetividad posible sin incluir para nada el sentimiento arrojado por mis propios resultados, pero si desde la confianza que me ha dado mi experiencia.

Otro de los aspectos que estaré evaluando en medio de este capítulo es el tema de los beneficios, pero claro que es uno de los principales y primeros temas que hay que evaluar, nadie entra en un negocio sin antes conocer la manera en que se puede beneficiar de él, y justo este aspecto es el que más interesa a los que quieren saber cómo funciona el forex trading.

Punto por punto estará explicado las principales ventajas al hacer forex, pero sobre todo el tema de la rentabilidad, que es lo que todos estamos buscando.

Una vez que hayamos despejado cualquier duda sobre este asunto llega un punto muy importante, es ¿cómo se hace? Es que no bastaría solo con tener una información o mera teoría de algún negocio, ver y disfrutar de la rentabilidad del mismo será solo posible a la medida que se aprenda paso a paso cada una de las acciones que se deben tomar para lograr la experiencia que se requiere.

En esta dirección vas a encontrar paso a paso de manera detallada las acciones para lograr los objetivos de este negocio, desde lo intelectual, es decir el aspecto cognitivo en materia de inversiones, hasta las acciones como adquirir tu plataforma para desarrollar el negocio y llegar a ser un verdadero trader.

Aunque no debemos subestimar todo este asunto, la verdad es que nunca fue tan fácil hacer negocios en temas de divisas y menos aún si cuentas con la guía que puedo darte a partir de este momento, lo único que voy a exigir de ti es que tengas la disposición de seguir cada uno de los consejos paso a paso que te he dejado en este capítulo, lo demás lo vas a adquirir con la experiencia, y esta desde luego la vas a conseguir solo de una manera, ejecutando tus conocimientos y haciendo, ya, en el plano real trading forex.

Más adelante vas a encontrar dos capítulos con todos los consejos necesarios, la idea es que no olvides nada y consideres cada uno de dichos consejos, pues están destinado a hacerte la tarea más fácil. La verdad es que la experiencia es la que nos enseña a andar en esta vida, no obstante es verdad que las experiencias ajenas pueden ser una oportunidad de librarnos de algunos peligros que se pueden correr en este negocio, entonces ¿prefieres pasar por tus propios errores o prefieres aprender de los que haya cometido otro).

Si no dependiéramos en gran medida de los errores que otros hayan cometido entonces antes de subir a un avión habríamos intentado hacer el nuestro propio, o hacer nuestro propio coche, nadie iría a un restaurante a disfrutar del nuevo plato que el chef de autor ha logrado aplicando técnicas pero cometiendo errores, todo sería por nuestra propia cuenta, ¿por qué no podemos usar el mismo principio en el forex trading?

Cada consejo puede estar basado en mis propias experiencias o aquellas que otros trader pudieron cometer y muy noblemente nos han permitido conocer para el bien de todos los inversionista, por ejemplo cosas tan sencillas pero a su vez tan importantes que si no la notamos a tiempo podemos cometer grandes errores, ejemplo el dinero que vas a utilizar y la cantidad correcta que debes poner en operatividad al inicio, el aspecto emocional que es muy importante para este tipo de negocio, ignorar las los sentimientos puede suponer malas decisiones, ya que la relación que hay entre lo que sentimos y lo que hacemos es muy estrecha.

Por consiguiente encontrarás toda una serie de recomendaciones en dirección a lo que es el tema de las emociones, como enfrentarte a ellas y como dominar cualquier pasión que te pueda arrinconar a realizar malos movimientos que se traduzcan en pérdida de dinero.

Pero por encima de los distintos sentimientos que puedan aparecer y querer establecer su control en medio de la jugada, hay uno en particular del que es importante mencionar y es el tema de la avaricia, por ello en el capítulo cuatro vas a encontrar un apartado en el que solo dedicaré un análisis a este asunto, estar insatisfecho puede ser una virtud aplicado al contexto adecuado, pero en el caso del mercado de divisas puede representar un peligro por ello el tema lo voy a abordar desde una óptica muy objetiva y desde luego contextualizada en el tema del forex trading.

Por supuesto que no es todo en todo lo ancho de los capítulos tres y cuatro vas a encontrar más de diez consejos uno más importante que el otro, así que te invito a que disfrutes de cada una de sus líneas y extraigas todo este conocimiento que se puede convertir en una fuente de sabiduría para ti, y en mayores posibilidades de éxito para tu emprendimiento.

Más adelante te invitaré a evaluar otro aspecto importante sobre este negocio, y es la plataforma a través de la cual se llevan a cabo todas las operaciones del mismo, estoy hablando específicamente del bróker, una figura que ha estado presente durante todo el tiempo que ha existido el mercado de valores en todas sus variantes. Originalmente se trataba de una figura llámese persona o institución que servía como mediador en medio de los negocios financieros.

En los tiempos actuales aunque las figuras antiguas sigan funcionando, ha evolucionado a otras figuras, aunque no haya dejado de cumplir aquellos objetivos, a saber, el de mediar entre un comprador y un vendedor de productos financieros.

¿Cómo funciona en la actualidad un bróker?

¿Cuáles son los beneficios de los bróker modernos?

Todas esas interrogantes quedan despejadas en el capítulo cinco, desde cómo elegir el bróker correcto, hasta los consejos básicos antes de elegirlo, cómo usarlo y cómo sacar el mayor provecho de estas plataformas, y ya para el capítulo seis y siete quiero regalarte ya, estrategias específicas para que comiences a practicar y a retomar la confianza que se necesita para entrar en este mercado.

El capítulo final consiste en mejorar las condiciones de cada una de las estrategias que te entregaré en el capítulo seis. He hecho un gran esfuerzo por dejarte toda la información que hace falta para empezar, después de aquí todo consiste en observar aprender, copiar (cuando fuere necesario) y triunfar, en uno de los negocios que se ha perfilado como la mejor opción del siglo XXI en el mundo del mercado financiero.

No queda más que darte la bienvenida, y pedirte que hagas este estudio de manera metódica, no avances al capítulo siguiente mientras no hayas asimilado completamente cada uno de los principios que encontrarás en cada capítulo, de hecho convierte cada uno de ellos en objeto de estudio profundo, indaga, investiga, saca todo el provecho y disfruta de convertirte en el nuevo trader que este negocio estaba esperando, llega tan lejos como quieras a partir de este momento, ¡empezamos!

1

¿QUÉ ES FOREX?

No habrá manera más acertada de iniciar este capítulo que haciendo una aclaración de términos, "Forex" es uno de los productos financieros que puedes encontrar en medio del mundo del trading, o lo que es lo mismo, el mundo del mercado financiero, de todos los productos financieros que puedes encontrar en este universo, el forex es considerado uno de los más importantes, y esto no es una consideración caprichosa de algún fanático del negoció.

Hablar de forex es hablar del negocio o el comercio que mueve la mayor cantidad de dinero en el mundo, para dar una pequeña idea, este negocio tiene la capacidad de hacer movimientos diarios de aproximadamente 4 billones de dólares ¿te parece poco dinero?

¿En qué consiste el forex trading?

Demos un vistazo la manera en que este negocio genera tanto dinero, la palabra forex esconde tras su significado una explicación clara sobre lo que es este negocio, "Foreign Exchange" cuyo significado es "mercado de divisas" ¿pero cómo funciona el mercado de divisas? Muy bien, para tener una mejor óptica sobre este negocio y despejar todas las dudas qué tal si damos un breve repaso por la tarea a la que se dedica el forex, es decir, ¿cómo se traduce el tema de mercado de divisas?

El mercado de divisas se trata de un negocio que trabaja de manera global y de forma descentralizada y consiste en el intercambio monetario, o sea, la compra de un tipo de monedas para ser cancelada con otra moneda, pero vamos a ver esto un poco más de cerca, forex opera sin un lugar físico establecido, sino que este es un negocio que se maneja por medio de la web, todos sus procedimientos son absolutamente virtuales, lo que quiere decir que es un negocio que puedes hacerlo desde donde estés.

Dado que es un negocio cuya dinámica está basada

en la compra y venta de divisas, al momento de trabajar con forex las mismas las vas a encontrar organizadas en pares, por lo general encontrarás dólar-euro, libra-dólar y otros parecidos. Cada una de estas divisas es presentada de acuerdo al precio que esté manejando el mercado en ese momento, ¿y que determina el precio de cada divisa?

En realidad los factores que determinan el precio de las divisas son varios, pero la mayor influencia sobre esto lo ejerce con mayor fuerza el tema de la oferta y la demanda, y esto es exactamente igual que en cualquier tipo de negocio, si un producto tiene mucha demanda se da el factor especulativo, es decir, quien posee el producto puede tratar de obtener ganancia del mismo subiendo su valor, pero en el caso contrario donde predomina la oferta y pocos compradores, el valor desciende, por ello basado en esta premisa es que el valor de las divisas puede variar de manera vertiginosa, pues puede variar hasta diariamente.

Por ello entrar en este negocio requiere que tu enfoque esté dirigido en aprender a pronosticar el comportamiento que suele tener el mercado, descubrir cuáles son los factores que llevan a que predomine alguna de las dos tendencias, bien la oferta o la demanda, ya que ese fenómeno suele estar motivado (en parte) por asuntos externos al negocio, contexto económico de los países, políticos y otra serie de factores que bien estando dentro o fuera del negocio pueden ejercer su efecto sobre los valores de la divisa, y tras dicho análisis poder actuar en el mercado comprando a precio bajo y disfrutando de las oportunidades del alza para vender y sacar ganancia de la operación.

la forma en que se desarrolla este negocio virtual es a través de ciertas plataformas llamada bróker, dicha plataforma funcionan como mediadora entre un vendedor y un comprador, en estas mismas se pueden realizar una cantidad de operaciones financieras, es decir, no se limita solo al trabajo de forex, sino que se pueden negociar productos financieros como acciones, obligaciones de deudas, bonos, materia prima y otros modelos de negocio que para muchos resulta muy atractivos, y que sin duda los resultados que muchos han recibido de los distintos productos financieros con los que puedes negociar son enormes.

Pero de todos estos productos financieros ¿por qué debemos elegir forex? Desde luego que el mundo de negocios es muy amplio, y hay productos buenos y otros mejores, sin embargo, como mencioné al inicio, si hay un negocio rentable y que genera una suma de ganancias diarias sin complicaciones tan elevadas es forex.

Claro que hay cosas que evaluar, hay cosas que aprender, tampoco es que harás dinero con tan solo encender tu computadora, pero razones para hacerlo hay muchas y ahora te daré algunas.

¿Por qué hacer Forex?

Forex es una plataforma que tiene demasiado que ofrecer y esta es la razón por la que muchos trader suelen fijarse en este modelo de negocio, pese a que puedan tener una sólida base en el mercado de otro tipo de productos financieros, haré una lista de las razones principales por las que forex representa una muy buena oportunidad y puede ser el negocio que te brinde la oportunidad de encontrar la libertad financiera que estás buscando.

La volatilidad es importante

No hay grandes complicaciones en el tema del mercado de divisas, la ecuación es muy fácil, compras activos a precios que te resulten favorables, la intención es lograr vender dichos activos y ganar gracias a la volatilidad, la relación es la siguiente, mientras el mercado tenga una gran volatilidad, las oportunidades de adquirir y vender divisas es mayor, y este mercado es uno de los que cuenta con una mayor volatilidad dentro de los distintos mercados financieros.

¿Qué es la volatilidad?

Esto no es otra cosa que la forma en que varían los costos de las divisas en relación a su precio medial, aunque al término se le puede dar la aplicación a la fluctuación del precio. La volatilidad es un informador de riesgo ya que es esta la que indica las posibles subidas o bajadas que tendrá la divisa, no obstante, más que indicarnos un riesgo lo que no estaría diciendo este factor es la frecuencia, al mismo tiempo que la intensidad en lo relativo a la variación del precio que vamos a tener que tolerar en la inversión, pero a ciencia cierta la volatilidad en sí misma no es garantía de ganar o perder en este negocio.

en término general podemos encontrar que en cualquier día de la semana que las divisas puedan tener fluctuación en sus precios que gira alrededor de 50 o 100 pips en los pares de divisas mas importante, esto indica que un trader que opera en una unas cien mil unidades de divisas puede estar ganando (o perdiendo según sea el caso) entre 500 y 1000 dólares, en resumen, los trader en realidad se encuentran en búsquedas de esos mercados que resulten volátiles, por ello esta característica es una de la que hace el mercado forex sea tan atractivo en el mundo del mercado financiero.

Forex es un negocio de fácil acceso

¿Cuál es la principal limitante que ´puede haber a la hora de iniciar un negocio propio? Visto desde la óptica que sea, bien sea la inversión en otro tipo de productos o servicios, o se trate de los productos financieros, ¿cómo entrar en el mercado?, imaginemos por un momento que quieres crear una marca, de un producto cualquiera, has explotado tu talento al máximo y ahora quieres distribuir tu propia marca de jabones para perros (por usar cualquier ejemplo), debes pensar en varias cosas:

El primer obstáculo sería los costos por patentar tu marca, (aunque no sería el mayor obstáculo), ahora tienes que crear toda una campaña de marketing, as tarde tiene que lograr poner tu producto en el mercado, (procurando buenos mercados para obtener una buena rentabilidad), y por ultimo convencer al público que debe bañar a su perro con este jabón. ¡No lo sé! Creo que el camino es arduo.

Sin embargo esto siempre estará sujeto a la pasión de cada quien y la capacidad de inversión.

En relación al mercado forex esto es un aspecto que lo hace verdaderamente atractivo, sobre todo en el caso de aquellos que quieren empezar a operar con poco dinero, en casos por ejemplo como el comercio de acciones muchas plataformas te permiten operar con mínimos como 250 dólares y por supuesto que la dinámica propia del modelo del negocio lo exige, sin embargo, cuando hablamos de forex puedes comenzar a negociar con tan solo 10 dólares.

Solo necesitas un pequeño capital con el que puedas hacer tu inversión, capital que podrás ir favoreciendo de un negocio cuyas posibilidades va más allá de la posibilidad de ganar unos cuantos dólares al mes.

En este mismo sentido no solo se trata del capital, pues existe otro aspecto del negocio que resulta bastante accesible y es el tema del ingreso a las plataforma con las que se puede operar este tipo de negocio, el acceso a las mismas en comparación con el resto de los mercados financieros es muy fácil, todo cuanto necesitas es hacer tu registro, tener a tu mano la disponibilidad de la cuota mínima de operaciones para que lo deposites a la cuenta y enviar tus documentos, por lo demás solo requieres el conocimiento necesario o la asesoría (de lo que hablaremos más tarde) y ganas de trabajar.

Quiero resaltar algo, no hay que darle acceso a la idea que lo fácil del acceso de esta plataforma quiere decir de algún modo que la calidad del mercado sea cuestionable, su eficiencia y seguridad junto a la accesibilidad es la razón por la que este negocio se traduce en uno de los más atractivos del mercado para la mayoría de los trader.

El mercado de divisas es muy transparente y seguro

No hay duda que si has pensado en invertir una de las cosas que puede acaparar tu mente es el tema de la seguridad que el negocio te pueda brindar, y aunque bien es cierto que siempre se corre algún tipo de riesgo e cualquier negocio, al invertir, queremos estar los más cerca posible a la idea que nuestro capital no será objeto de estafa.

Se puede tener la tendencia a creer que por ser un mercado tan accesible puede resultar poco seguro, sin embargo no hay algo más lejos de la realidad que esto, un mercado como el de las divisas que es tan grande es casi imposible que resulte manipulable, es que por muy grande e influyente que tenga un inversor es muy difícil (sino imposible) que pueda ejercer algún tipo de influencia en una divisa, considerando incluso las decisiones importante en esa dirección que pueda tener un banco central.

Pero de lo último asumamos que un banco pueda tomar una decisión que influya en el valor de la divisa, esto solo será algo que tenga un efecto momentáneo, pero en poco tiempo la dirección del valor podrá tomar su rumbo nuevamente de acuerdo a las acciones que ejerzan la mayoría de los trader, esto si lo comparamos con otro tipo de mercado como el de acciones es realmente una ventaja, ya que en las acciones una empresa puede mantenerse presentado positivos a sus inversores mientras que detrás del telón lo que puede esconderse es un maquillaje de dichos resultados, por lo que sin duda que representa mayor riesgo.

Forex ofrece oportunidades de aprendizaje

Otra de las grandes barreras en algunos casos es el tema de la destreza en el oficio, ¿qué tan fácil puede ser poner un restaurante para alguien que nunca estuvo frente a una estufa? Lo productivo, pero además atractivo del mundo del forex se ha visto en la necesidad de observar esto.

Es cierto que todo lo que se refiere al mundo de los negocios on line, pero sobre todo el mercado financiero ante el inmenso crecimiento que ha venido experimentando, cuenta con herramientas interesantísimas en temas de aprendizaje, pero cuando hablamos de forex y el hecho de que diariamente son muchos los nuevos inversionistas que vienen abriendo sus cuentas, las mayoría de los bróker te ofrecen la oportunidad de acceder a medios de aprendizaje en los que puedes encontrar recursos gratuitos para este fin, esto punta nuevamente a la idea de la accesibilidad y facilidad que representa el mundo de los negocios forex.

Sin duda que el mercado financiero es interesante en cada una de sus modalidades, pero no solo eso, sino que este mercado ha venido a convertirse en una de las opciones más atractivas de aquellos que han tomado la decisión de enfocarse en lograr la libertad en sus finanzas, como he mencionado antes dentro del mundo de las finanzas muchas posibilidades de inversión, pero un negocio que te dé la oportunidad de iniciar con poco margen de inversión, asesoría a los menos experimentados y posibilidades de disfrutar de rentabilidad a mediano o corto plazo, sin duda alguna forex ha demostrado serla mejor opción.

Beneficios del Forex

Forex ha demostrado ser uno de los mercados en el mundo del comercio financiero ser uno de los más sólidos, sin embargo, más allá de las razones que acabo de bosquejarte sobre las razones que hacen de este negocio una enorme oportunidad para tu vida financiera, quiero hacer una lista en la que voy a describir los beneficios que resaltan en el tema del forex.

Forex es uno de los negocios con mayor liquidez

Todo el que hace negocio tiene una meta principal en su mente, y no es otra que ganar dinero, desde donde lo queramos ver todo consiste en ello, en ese sentido, trabajar con forex es una gran ventaja, ya que los niveles de liquidez que este negocio ofrece son de los más altos del mercado, basta solo con hacer una comparación con el mundo de las acciones para poder observar las bondades de trabajar con forex.

Supongamos que has decidido que ya no estás interesado en los dividendos n otro beneficio que te ofrezca una acción que hayas adquirido, o en su defecto las valoraciones personales que tengas respecto al mismo te indiquen que es momento de salir de las acciones, para invertir en otro negocio, siempre vas a depender de encontrar compradores para dicha acción, y la tendencia es la que determina si puedes o no puedes vender, por lo menos en u bue precio que de hecho es lo que todos esperan, vender a buen precio para obtener ganancias, sin embargo si la tendencia de dicha acción está en bajada no habrá manera en algunos casos ni de recuperar la inversión, y la premura es la que va a determinar si la conservas o decides perder un poco para lograr tu propósito.

Al hablar de forex muy contrario al tema de las acciones siempre habrá un comprador, estamos hablando tal como mencioné a principio de un negocio que mueve la suma de nada más y nada menos 4 billones de dólares al día, solo este número te indica que encontrarás siempre alguien con quien realizar las operaciones, pero sobre todo en el caso que operes con los pares de divisas más importantes.

Factibilidad de los horarios

Inicialmente todo aquel que quiere invertir en un nuevo negocio, de la naturaleza que este sea, tiene una gran preocupación, ¿habrá o no habrá ganancias? Sin duda que no es para nada fácil cuando se está por iniciar un nuevo negocio, abandonar lo que se viene haciendo por entrar en algo de lo que aún no se está percibiendo ganancias.

Por ello el tema de los horarios suele ser uno de los más preocupantes, es decir, la idea de poder hacer algo que no interfiera en lo que estás haciendo, esto al menos mientras dura el proceso de consolidación del negocio.

Comerciar con divisas es una gran ventaja frente a este problema, ya que es un negocio global que funciona 24 horas al día, lo que significa que no importa a la hora que puedas dedicarle tiempo, siempre habrá personas interesadas en cualquier parte de mundo en poder acceder a la compra y venta de divisas.

Forex te da más oportunidades de obtener ganancias

Esta es una de las grandes ventajas del negocio, no tener que depender de un modelo de negocio cuya ganancia sea lineal, es decir, tener una sola dirección en la que viene tu dinero, si volvemos a la comparación con el mercado de acciones nos encontramos con una situación parecida, es decir pese a que puedes encontrar dos maneras de obtener ganancias, bien sea por los beneficios directos de la acción y los resultados de la empresa, o bien por la especulación en el precio de la acción, las ganancias siempre van a estar sujetas a una cosa, el valor de la acción, si este valor es alto ganas si es bajo pierdes, (o al menos dejas de ganar).

En el caso de forex la historia es totalmente contraria, sea que el valor de la divisa suba, o en el caso que esta baje siempre existirá la posibilidad de sacar partido a cada situación, no obstante, lograr este nivel de beneficios requiere de una buena experiencia, por lo que sin duda son destrezas que iras adquiriendo con algo de tiempo en el negocio, y un poco de dedicación, pero en el tema de la educación ya sabeos que cuentas con infinidad de oportunidades para lograr dicho objetivo.

Todo está basado en el análisis que puedas hacer respecto a la reacción del mercado, si la observación te indica que el valor de la divisa se incrementará, solo abres una posición de compras para cerrarla luego con una venta, (esto es lo que se conoce por "ir en largo") por el contrario si notas que el precio bajara solo vas en corto.

Este es el más grande de los propósitos de millones de los que han decidido apostar a este negocio, hacer sus adquisiciones a bajo costo para luego vender a buenos precios, o vender caro y luego comprar barato, existe un numero bastante amplio de pares de divisas en los que puedes invertir, y si pones tu atención en aprender cada día más el arte de este de este negocio, puedes tener la garantía que pronto podrás tener ganancias bien interesantes.

Forex requiere una inversión muy baja

El sueño de todo inversionista, empezar su negocio haciendo la inversión más baja posible y sobre todo que le garantice rentabilidad, para comenzar a operar en este negocio necesitas solo tres cosas, una conexión en internet, un equipo bien sea computadora o teléfono, y un pequeño capital para invertir.

¿Invertir en qué?

La manera de entrar en este negocio la vas a realizar a través de un bróker, (en otro capítulo te hablaré más sobre los bróker) estas plataformas te piden desde luego el capital con el que vas a empezar a realizar tus operaciones de compra, hay muchos bróker, te advierto de antemano que hay ciertos elementos importante sobre estos que debes tener en cuenta antes de decidirte por escoger uno.

En cuanto a la inversión puede tratarse de 100 dólares, 250, hay algunos que solo exigen 1 dólar, por lo que realmente no requieres de gran cantidad de dinero para iniciar tus operaciones.

¿Quién puede hacer Forex?

Existen dos maneras principales de poder determinar aquellos que pueden participar en el negocio de forex, es decir, los que tienen algún tipo de participación interbancaria y aquellos que no. Si observamos el principio del mercado de acciones, notaremos que originalmente el acceso estaba abierto a grandes instituciones financieras, por ejemplos los grandes bancos, sin embargo, la historia ha venido cambiando, gracias a la misma evolución de la tecnología y el acceso que se ha tenido a ella, es de esta manera que los inversores y trader individuales han venido apareciendo de manera progresiva en el escenario.

Pero vamos a dar un vistazo a la serie de figuras que toman parte dentro del negocio de divisas y como es que participan en la misma.

Los bancos centrales de cada país

El deber principal de estas entidades es lograr controlar y regular el valor de las divisas del país que representan, esta es la razón principal por la que participan en el mercado de las divisas, por lo general estas entidades tienden a ser de carácter públicos, pero hay situaciones en las que llegan a ser de carácter privados. Los bancos centrales entran en el mercado de las divisas por el mismo papel que les toca representar en su país, es decir mantener el control sobre la regulación de la moneda.

Los bancos comerciales también participan

Se trata de aquellos bancos que tienen un trato con todo tipo de público, estos bancos suelen obtener ganancia actuando en el mercado del mundo financiero, por esta razón suelen operar negociando una variedad de productos entre los que se encuentran las inversiones dentro del mercado de divisas.

Algunas empresas y los intermediarios financieros

Estos son una serie de instituciones financiera que se dedican a ciertas gestiones de interés para el mercado financiero, una de sus más importantes labores es la de llevar ahorros a aquellas sociedades que necesiten fondo, por esta razón permiten el acceso al flujo del dinero por parte de las economías, es principalmente por esta razón que las instituciones intervienen en este tipo de mercado, con el propósito de poder invertir los ahorros que tengan sus clientes, en las inversiones que pueda este tener en otros países, donde desde luego operan con otras divisas.

Cualquier inversionista

Aquí es donde entra usted en el juego, no necesita ser o pertenecer a una institución de carácter financiero para poder entrar en el negocio de las divisas, gracias a las grandes ventajas que nos ofrece internet casi cualquier persona puede negociar dentro de este mercado, antes de esto ingresar en este negocio requería que hicieras una inversión de un millón de dólares, razón por la que la mayoría de aquellos que soñaban con invertir no sería más que eso, solo un sueño, pero gracias a las plataformas on line empezar a trabajar en este tipo de mercado es completamente diferente, pues con un capital bastante reducido es posible empezar.

En definitiva el forex es una gran opción a la hora de ingresar en el mercado financiero, pero más aún en los casos en los que un pequeño inversionista quiera hacer su entrada en el mundo de los negocios, lo mejor de esto es que sí puedes comenzar a hacerlo de manera parcial, es decir sin dejar de hacer lo que vienes haciendo.

Las razones por las que esta resulta ser la opción

más accesible en el mundo del mercado financiero ha quedado claro en este capítulo, sin embargo, no pierdas de vista algunas ideas importantes en sobre este tema, negociar en el mercado de divisas te brinda la oportunidad de contar con una enorme plataforma que te puede brindar la orientación para llevar a cabo tu negocio, gracias a las distintas plataformas que te brindan la oportunidad de hacer trading social, gozarás de la ventaja de no caminar solo, sin importar el tiempo que le dediques a este negocio, ni los horarios que decidas trabajar, siempre habrá la posibilidad de recibir la orientación de los más experimentados.

Siendo realista y objetivos, es una realidad que se va a tomar un poco de tiempo poder obtener la experiencia necesaria para desarrollar este negocio, no obstante la otra cara de la moneda es que una vez que hayas logrado adquirir la experiencia que se requiere dentro de este negocio, el mundo de oportunidades que se abre ante tus ojos es realmente importante, de manera que como punto final de todo este asunto quiero darte un consejo importante:

En primer término no tomes este negocio como algo frívolo, al contrario, es la oportunidad de darle otro rumbo a tu vida financiera. Estudia, porque es la única manera de encontrar la forma de convertirte en un experto en el mundo del comercio de divisas, y por ultimo estimado amigo, estudia para que el tiempo entre tu entrada al negocio y la oportunidad de comenzar a ver ganancia sea más corto.

2

PRIMEROS PASOS PARA HACER FOREX TRADING

Algo que no tiene ninguna discusión es que el paso más importante que podemos dar en cualquier negocio es este, por esto es que una vez evaluado y tras recibir la comprensión de lo que es forex trading, es momento de hacer los primeros avances, y hay que ver esto desde la óptica más clara posible, estos avances no consisten en hacer las primeras acciones dentro del mercado, se trata de las primeras acciones desde tu preparación personal.

Los resultados que vas a obtener en este mercado no serán consecuencia exclusiva de las acciones de compra y venta, sino que juegan un papel importante una serie de factores que son, tan importantes como la acción de manejar las divisas.

Es como un proceso digestivo, para que salga bien debes comenzar desde la adecuada elección de los alimentos, y los resultados en función de tu salud los vas a adquirir principalmente por las buenas decisiones que tomaste al principio, la analogía deja claro que, desde la elección del mercado en el que debes ingresar, la información precisa dentro del mercado, hasta los pasos más avanzados, requieren darle la importancia que en realidad tienen y en consecuencia asumir las acciones adecuadas, ¡empecemos!

Arguméntate bien sobre el trading

Este debe ser el primer paso, evidentemente que conocer bien el oficio hará que camines de mejor manera en medio de él, por esto implica que te hagas una serie de preguntas que al responderlas cada una de ellas ampliará la visión que tengas sobre este asunto, entonces ¿qué es lo que debes saber de trading?

¿Cómo se define el trading?

Muy bien, lo primero que hay que evaluar es este aspecto, ya que se suele utilizar este término de manera indiscriminada en muchas oportunidades, entonces ¿qué diferencia hay entre forex, trading, trader, etc? En cuanto a forex ya lo expliqué en el capítulo anterior, el trader es el que ejecuta la acción del trading, solo nos queda por resolver una incógnita.

Trading es la acción de comprar y vender activos que resulten cotizados con una muy buena liquidez dentro del mercado financiero, los activos a los que me refiero son: acciones de empresas, renta fija, deuda pública, pagarés y desde luego lo que nos ocupa en este momento como es el caso de divisas.

Entonces hay que hacer la separación entre una cosa y otra, no tiene nada que ver un forex trader y un trader de acciones, por poner cualquier ejemplo, aunque el oficio es similar en las diferentes ramas que se lleve a cabo dicha labor.

¿Cuánto dinero puedo ganar haciendo trading de divisas?

Estoy seguro que esta es la pregunta que todos nos hicimos una vez que descubrimos sobre la existencia de este negocio, y por supuesto está bien la pregunta pues a fin de cuenta por este particular es que estamos en el negocio, pero hay que tener cuidado, que el tema de los números no abarque toda la atención, aunque no lo creas puede apartar la mirada del objetivo.

Respecto a este asunto hay que ver algunos elementos, ¿Cuánto se gana y cuándo? Hacer trading forex requiere de ciertas habilidades para obtener los mejores resultados, de manera que una de las cosas de las que debes ser consciente es que las ganancias pueden variar de acuerdo al tiempo que lleves haciéndolo y la experiencia que hayas adquirido.

¿Cuánto ganaremos, cómo?

Pues sin duda que este es el otro elemento en el que debes tener especial atención, altas inversiones implican altas ganancias y bajas inversiones bajas ganancias, por esto es que poder saber cuál puede ser el margen de ganancia que tengas dentro de este modelo de negocio va a depender, sin lugar a dudas de cuanto estás dispuesto a invertir. Pero ojo que esto no los tome desprevenido altas inversiones también pueden implicar perdidas altas, por ello el cuándo es lo primero que hay que evaluar, no te aventures a realizar inversiones de alto riesgo si es que aún no te has dado la oportunidad de aprender bien los movimientos que debes realizar, puedes correr peligro de perder dinero.

Pero para dar una idea de lo que en realidad se quiere saber evaluemos lo siguiente, muchos trader han logrado ganarse la vida solo operando con forex, esto como consecuencia de haber obtenido ganancias lo suficientemente razonables como para vivir de ello. De hecho, trader que tenga muy poco tiempo operando en el negocio de las divisas puede hacer buenas ganancias operando con forex, esto es una realidad aún en el caso de aquellos que hayan iniciado con poco capital, todo cuanto necesita es tener calma y saber esperar, de manera que pueda ir obteniendo ganancias de manera gradual.

Claro, sería algo ingenuo tratar de hablar de garantías en cuanto a cantidades, no obstante una vez que un inversor haya logrado obtener la experiencia realmente necesaria para triunfar en este negocio, se puede garantizar que cuente con una rentabilidad de manera constante, y es así que podemos encontrar trader que logran acumular con un poco de sabiduría pero sobre todo paciencia, cuentas por encima de los 100.000 dólares, esto te puede generar una rentabilidad mensual incluso hablando de porcentajes bajos un aproximado de 4% o 5% lo que en realidad es suficiente para vivir relativamente bien, pero desde luego esto no está limitado, todo va a depender del trader y sus ganas de llegar tan lejos como se pueda.

¿Qué tipo de trading debo hacer?

Este tipo de interrogante encontrará la respuesta en ti mismo, en lo que quieres hacer, a donde quieres llegar, etc, como hemos visto existen varios tipos de mercado en el mundo financiero, y de acuerdo a tus propósitos es que puedes evaluar cuál es el producto que se ajusta más a tus necesidades, no obstante de acuerdo a lo que hasta ahora hemos podido evaluar, no queda ninguna duda que es justo el trading forex una de las mejores opciones, sobre todo en el caso que se trate de inversiones con capital estrecho, aunque luego vamos a ver que aunque tu capital sea un poco más amplio lo mejor será que inicies con poco.

¿Cómo abrir y cerrar operaciones de trading?

Finalmente esta es la siguiente fórmula que tenemos que despejar, cuál es la manera adecuada por medio de la cuál puedes abrir y cerrar una operación de trading, en lo referente al aspecto técnico, cada uno de los bróker puede tener diferentes plataformas en las que puedes realizar dichas operaciones, por lo tanto en este sentido la labor que corresponde es observar con cuidado el modelo de cada uno de ellos, y la forma en la que trabajan.

Ya te he dejado una serie de interrogantes en las que tienes que enfocar tu mirada, encontrar la respuesta a cada una de esta es sumamente importante pues se transforma así en el faro que te va a guiar por el rumbo correcto en este negocio. Lamentablemente muchos de los que ingresan al mercado de finanzas llegan completamente desorientados en cuál es el mercado correcto. Incluso, por dónde empezar con toda una serie de conceptos revueltos que no dejan de ser información vaga, por este motivo hay que ir sistematizando cada una de estas teorías para lograr dar pasos que sean verdaderamente productivos.

Lo importante es que se logre entender que cada una de las plataformas bróker tiene por lo general ciertas escuelas virtuales, mientras otras te ofrecen incluso libros y cursos gratuitos en los que podrás encontrar los pasos para comenzar a operar con cada una de ellas.

Busque como conseguir la plataforma de trading

En este punto quiero aclarar algo, aunque muchas veces se suele utilizar a manera de sinónimos bróker y plataforma de trading en realidad no son los mismo, lo bróker, tal como ya he explicado es el que funge como intermediarios entre nosotros y la contraparte del negocio, bien sea que compremos o vendamos, mientras que la plataforma trading es la plataforma con la que ejecutaremos las acciones del trading.

Pues al iniciar dentro de este mundo de negocios vamos a encontrarnos con algunos bróker que hayan desarrollado su propia plataforma de trading mientras que hay algunas que utilizan las conocidas plataformas multibróker, para poder elegir un buen software con el cual puedas desarrollar de manera satisfactoria el trabajo de trading te daré una serie de consejos.

Consejo # 1: Asegúrate que ofrezca lo que necesitas

No todas las plataformas cuentan con las tareas que vas a realizar, por lo tanto debes asegurarte que la que elijas posea los mercados bursátiles que sean exactamente aquellos con los que deseas invertir.

Consejo # 2: Que se ajuste a tus intereses

Desperdiciar funcionalidades es innecesario, por ejemplo, si tu deseo es llevar a cabo trading social está magnifico una plataforma con estas características, no obstante, ¿de qué te serviría esta opción si en realidad no tienes ningún interés en compartir tus acciones o copiar las acciones de otros trader?

Consejo # 3: Qué te resulte amigable

La verdad es que hay de todo un poco, por lo que seguramente te vas a encontrar con plataformas que son una verdadera tortura, poder hacer uso de ellas es una verdadera locura, aunque finalmente todo va a depender de tu nivel de entendimiento y las ganas que tengas de estudiar, por lo que si consigues que alguna te resulta interesante puede ser algo compleja, no debe ser motivo para rendirse, solo debes saber que debes poner un poco más de ganas.

Pero si me preguntas cuál es mi recomendación, inmediatamente debo contestar que para empezar no te compliques tanto la vida, y trata de encontrar una plataforma que sea cómoda y que realmente resulte sencilla para trabajar, de manera que puedas enfocar tu esfuerzo en aprender más sobre inversiones y buenos movimientos de tu dinero que sobre el aspecto técnico de una plataforma.

Consejo # 4: Evalúa el tema de la compatibilidad

En este particular me refiero al tema del software y la compatibilidad que tiene con tu ordenador, de lo contrario te puedes encontrar descargando algunos parches para poder contar con la funcionalidad del software, lo mismo sucede para el caso en el que quieras operar a través de tu teléfono, lo recomendable es que accedas a través de las opciones on line conocidas como webtrader, con esta opción podrás operar en cualquier lugar que te encuentres sin necesidad que estar instalando el software en cada dispositivo que tengamos.

Consejo # 5: Que te permita acceder al código de herramienta

Plataformas muy específicas como metatrader 4 entre otras te da la opción de hacer cambios en el código de programación, lo que te permite la creación de nuevos indicadores si así lo deseas, con el fin de enriquecer los datos que quieres seguir, de igual forma te permite crear scripts propios

Por lo demás te corresponde observar las características que sean compatibles contigo y que te permita una buena movilidad, es decir que no sea lenta, y que se ajusta a cada una de tus necesidades, aunque es cierto que no todo de todas te va a parecer 100% agradable, pero al menos debes asegurarte que cumpla tus expectativa .

Descubre el mejor bróker

Una vez entendida la diferencia entre la plataforma trading y el bróker, y luego de haber visto los diferentes criterios que has debido utilizar para descubrir cuál es la plataforma adecuada, lo que viene ahora es la evaluación del bróker, de todos modos ya te he preparado todo un capítulo en el que vamos a hablar de este asunto, no puedo dejar por fuera este elemento de importancia como uno de los primeros y necesarios pasos que debes dar para empezar en el negocio.

El grueso del porcentaje de las operaciones que vas a realizar en este negocio van a depender de esta herramienta de manera que solo necesitas cumplir con una serie de pasos que te esteré dando más adelante, con estos tendrás las garantías casi en su totalidad que de seguirlos con cuidado contaras con la ventaja de elegir una de los bróker más confiables del mercado.

Edúcate en el aspecto financiero

el dinero representa la materia prima, el punto central de todo este asunto, por eso la recomendación que te di anteriormente de librarte de la necesidad de tener que estar estudiando asuntos que aunque no son triviales, pertenecen más al plano de lo estético quizás, que a asuntos realmente importantes.

Si algo tienes que hacer en este primer paso de tu negocio de trading forex es aprender todo lo que tiene que ver en cuanto a la parte de finanzas, cuánto es lo recomendable para iniciar en el negocio, cuánto debes estar dispuesto a perder, cada uno de los detalles que involucran el aspecto financiero es algo que debes manejar con los ojos cerrados aquí no hay opciones a errores, debe ser todo casi perfecto.

¿De qué manera se debe aprender?

Bien cuando hablamos de finanzas, y dinero, estamos hablando de uno de los elementos que tiene relación con casi todos los aspectos de la vida, en consecuencia hay que prepararse en todos los ámbitos, procurando en todo tiempo no caer en una descapitalización, por ellos debes enfocarte en los siguientes aspectos.

Calcula tu estado financiero

Como en cualquier otro negocio debes saber en qué condición financiera te encuentras, si bien estas solvente, endeudado, o si cuentas con la holgura necesaria para hacer tus inversiones, nunca entres en el negocio porque necesitas dinero urgente, ese estado emocional de ansiedad te puede dirigir a cometer algunos muy dolorosos errores.

¿Cuánto posees para invertir?

Después que hayas determinado tu estado financiero asumamos que estás listo para invertir, por lo que has destinado una cantidad exclusiva de dinero para este trabajo, considerando que eres un nuevo inversor debes asegurarte cuál es la cantidad adecuada para la inversión, más adelante te estaré dando algunas indicaciones en este aspecto.

Procura todo el aprendizaje que puedas

Aquí no debes escatimar ningún esfuerzo, debes dedicar todo en el empeño en adquirir todo tipo de educación financiera, edúcate con todos los cursos que encuentres en las páginas oficiales de cada bróker, pero igual puedes apuntarte a un curso o talleres intensivos, la educación financiera en este negocio es vital.

Debes ver estos cuatro puntos que te acabo de regalar en este capítulo como los cuatro soportes en el que está sostenido una mesa, nada de lo que aquí te he dejado debe pasar desapercibido. Una frase muy popular reza "el camino de mil millas comienza con el primer paso" para llegar muy lejos requieres necesariamente el primer paso, y estos cuatro puntos son los que van a definir cómo será tu carrera en el mundo del trading.

Las bases sólidas son las que sostienen un gran edificio, de manera que a la medida que quieras que tu edificio financiero se encuentre, a esa misma medida debe estar tu determinación por afianzar cada una de las enseñanzas de este capítulo, es momento de avanzar y seguir dándote toda la información que necesitas para lograr el objetivo que te has trazado en el mundo del mercado de divisas.

CONSEJOS BÁSICOS PARA HACER FOREX TRADING (PARTE 1)

Bienvenido al tercer capítulo ya estamos entrando de manera directa en este negocio y se hace imprescindible que comparta contigo algunos principios verdaderamente importantes sobre el negocio de trading forex, lo que vas a encontrar en este capítulo es una serie de consejos que están basado en la experiencia y el consenso de un grupo de expertos en el área del trading, cuya experiencia ha servido para concretar estas ideas y sistematizarla para ti.

Claro que puedes estudiar, y no solo eso, debes hacerlo, sin embargo hay ciertas cosas que no la vas a encontrar en un libro de texto, y que difícilmente la encuentres como objetivo del día en algún curso, tu puedes estudiar en la mejor escuela de cocina del mundo, pero mientras no hayas entrado en una cocina de verdad, con la presión que esta ejerce sobre la persona, con el peligro de quemar alguna receta o que te regresen un plato jamás podrás ser chef.

De la misma manera cuando aprendas los conceptos te servirán como faro, pero el barco no llega al faro solo con verlo, debe luchar contra el viento, contra las olas, contra todo tipo de tempestad que se haga contrario al camino, solo vas a poder tener el éxito que mereces en este negocio de una sola manera, estando dentro del negocio, ahí es que vivirás la presión, la emoción, a veces el miedo al ver el peligro cerca, pero eso es lo que te dará como resultado eso que se llama experiencia.

De ese mismo ingrediente ya algunos hemos probado, y por esto es que sería un verdadero placer poder aplanar el camino y ayudarte a que des los menores tropiezos posibles, el resto dependerá de la importancia que le des a todo este asunto.

Al principio, invierte poco dinero

Finalizando el capítulo dos te di alguna mención sobre este aspecto, y era justamente que debes analizar la cantidad correcta que vas a invertir, sobre este asunto muchos no se ponen de acuerdo y el consenso no es el claro, algunos aseguran que al principio debes invertir lo que desees, la idea está basada en que puedas ver mejores ganancias en el menor tiempo posible evitando así la frustración que puede generar trabajar y no ver las ganancias a corto plazo.

Por su parte otro grupo cree que invertir todo con poca experiencia es poner en peligro tu capital y correr el riesgo de descapitalizarte, tendencia por la que estoy más inclinado. Debes tener esto claro en tu mente, no, el forex no se trata de un negocio de la noche a la mañana, ¿Qué quieres, libertad financiera o entretenerte un rato? Estamos hablando de un negocio que puede convertirse en tu mejor opción en la vida, por lo tanto requiere de tiempo, si estás iniciando por que necesitas dinero urgente, la verdad es que te recomiendo que trates de prestar el dinero y ganar algo de interés en corto tiempo.

Pero si lo que estás buscando una vida nueva en el ámbito financiero lo que te puedo recomendar es, usa tu dinero con inteligencia, en primer lugar piensa en tu entrada con inteligencia, prepara una estrategia de acuerdo a los que has venido practicando y aprendiendo en los primeros pasos, entonces solo haz una inversión que no representa más del 40% de tu capital, y en base a esa suma desarrolla tus primeras estrategias de trading

No te apresures a tomar decisiones

Tomar decisiones que perdurarán, por sentimientos fugaces es un error enorme, pero sobre todo innecesario, la verdad es que los sentimientos pueden tener mucha influencia sobre todo al comienzo de nuestra vida dentro del negocio, por lo que, no hay manera de tomar decisiones apresuradas que puedan arrojar resultados favorecedores, solo si dejamos todo al azar, y créeme, no habrá manera que actuar de esta forma en el forex trading pueda terminar bien.

En consecuencia cada una de las decisiones que vayas a tomar dentro de este negocio tiene la necesidad de estar bien calculado, de lo contrario solo estarás unos días de tu vida malgastando el tiempo, la mejor estrategia que puedes seguir para tomar las mejores decisiones en este negocio es tomar los consejos que te voy a dar a continuación.

No aceptes la influencia de otros en tus negocios

Incluso si se trata del mejor mentor este jamás te dirá lo que debes hacer, solo te mostrará los posibles caminos, las posibles alternativas, pero nunca tratará de influir en tus decisiones, quedará de tu parte seguir o no la recomendación que este te haga pero nunca debe ser una imposición.

Administra bien las inversiones

Como ya he mencionado antes, no inviertas todo tu capital, solo utiliza una parte de este y haz tu primera inversión, de lo contrario pudieras estar poniendo en riesgo tu capital.

Analiza bien el producto

Primero que nada recuerda que estás empezando, por lo tanto no debes hacer muchas inversiones, solo deberás evaluar el mercado de divisas y poder determinar en donde es que hay mayor volatilidad, este aspecto te permitirá saber hacia dónde se dirige tu inversión, y de antemano te anticipas a los posibles resultados.

Las decisiones tienen las características de ser las que determinen el futuro de tu inversión, recuerda una cosa, cada causa tiene un efecto, y no hay una vía alternativa a los resultados que vayan a ocurrir tras tu decisión, por lo tanto piensa bien antes de actuar y asegúrate que tu actuación sea la más inteligente posible, ya que como acabo de mencionar, no habrá vuelta atrás.

Ignora tus emociones

¿Qué son las emociones? no es otra cosa que la respuesta a un estímulo bien sea de nuestra mente o de nuestros sentidos, las emociones son parte importante de todos los seres humanos, por consiguiente sentirlas está bien, es normal, sentir miedo ante el peligro es necesario para huir o defenderte, sentir alegría ante una victoria está perfecto, entonces ¿Dónde está el problema con las emociones?

Pese a que estas pueden ser manifestaciones completamente normales del ser humano, puede suceder que llevadas al extremo traiga como resultado acciones fuera del sentido común.

Para entenderlo mejor veamos un ejemplo, una persona que ha ganado la lotería, la impresión que le da dicha emoción y la alegría que esta le genera le puede llevar a ejercer acciones que se escapan de lo normal, por ejemplo de la alegría no mide las consecuencias de las acciones y comienza a regalar dinero y derrochar.

Quizás alguien que va en su motocicleta y tras querer dar vuelta en un retorno se consigue que otro chofer se atraviesa y le ocasiona una molestia, por esta razón termina por perder el control y se va detrás del infractor para culminar todo en un posible acto de violencia.

Sentir la ira es normal, sentir la alegría es normal, lo que no es para nada normal es que pierdas el control ante la manifestación de dichas emociones, por este motivo, cuando se trata de hacer trabajo de inversiones y cualquier tipo de operación financiera, es importante que los sentimientos estén lo menos involucrado posible.

Realizar este tipo de acciones requiere de un alto nivel de responsabilidad, por lo que debes mantenerte en el mayor equilibrio posible, por lo tanto asegúrate que el momento de iniciar operaciones todo tu sistema emocional esté regulado sigue los consejos que te voy a dar en este momento y mantén tu carga emocional a raya:

Consejo # 1: Debes ser consciente de ellas

Nada vas a lograr jugando al equilibrio, tratando de ignorar una gran realidad como es los sentimientos, recuerda que no se trata de mostrarle a nadie que estás equilibrado, sino que debes ser sincero contigo mismo, alguien dijo que "las emociones son buenos siervos, pero malos amos" por lo tanto aprender a lidiar con ellas pero no puedes permitir que sean ellas las que lidien contigo. Entonces este primer paso consiste en que reconozcas que hay una posible alteración del estado emocional, por lo tanto no te permita realizar ninguna acción entre tanto no has calmado dicha emoción.

Consejo # 2: Piensa con conciencia

Y esto es una tarea que debes comenzar a realizar desde el mismo instante que has decidido iniciar en el mundo de los negocios, no puedes darte el lujo, como una persona común de andar con la mente a rienda suelta, tu mente es el laboratorio donde se gestan todas las ideas que luego se convertirán en acciones, por lo tanto no es prudente permitir que justo el sitio donde se gestarán todas las ideas financieras que ejecutarás, por esto activa el modo de pensamiento consciente.

¿Qué significa pensar conscientemente?

Esto se trata de domar los pensamientos, no dejar que la mente ande por sí sola sino que cada idea que en ella aparece sea producto de tu decisión, manténte centrado en ideas claras. Por otro lado puedes practicar un ejercicio muy interesante conocido como "la corriente" y es convertir tu mente en especie de corriente de agua, dando de larga a los pensamientos que no quieres que estén allí, ellos no pueden permanecer en la mente más que el tiempo que te dediques a acariciarlos, pero si tan pronto aparecen estos pensamientos y los dejas que sigan su camino estarás tomando el control.

Consejo # 3: Identifica los pensamientos dañinos

Aprende a reconocer esos pensamientos que vienen a tu vida y traen consecuencias, esos que son los que te hacen tomar acciones fuera de lo común, por ejemplo algunos llegan a perder el control por la ira, otros la tristeza y así cada persona puede tener una emoción que es la que lo lleva a ejercer acciones incorrectas.

Es muy normal que esas emociones se manifiesten en el lenguaje corporal, por ejemplo, algunos pueden entrar en estado nervioso y comienzan a comerse las uñas o ponerse inquietos, alguno en medio de la ansiedad puede asumir ciertas posturas y así cada persona puede manifestar los sentimientos de distintas formas.

Consejo # 4: Toma acciones antes que te dominen

Por lo general las emociones fuera de control son como una represa, donde si tienes el agua acumulada vas generando una presión que tarde o temprano puede ocasionar un caos, por lo tanto tras haber visto todos los pasos anteriores todo lo que queda por hacer es abrir las compuertas y permitir que el agua fluya.

En este sentido, lo que debes hacer con las emociones es drenarlas pero no vayas a trabajar, invertir, hacer ningún tipo de operación con las emociones a flor de piel. Por ejemplo, sal a caminar, practica ejercicios de respiración, practica la meditación, escucha música, o cualquier tipo de actividad que te permita sentir alivio respecto a los sentimientos que te pueden estar atropellando.

Consejo # 5: Llegó el momento de trabajar

Una vez que hayas logrado establecer el control de tus emociones ha llegado el momento de poner manos a la obra, trabajar en finanzas es una habilidad que solo personas serenas pueden llevar a cabo, y tras haber puesto en marcha cada uno de estos ejercicios puedes considerar que estás listo para trabajar, pero estas prácticas debes convertirlas en tu día a día, no solo puede quedar en una metodología que solo practicarás durante el período de entrada al negocio, sino que debe convertirse en un estilo de vida y tratar de manejar la serenidad como un elemento corriente, algo que se encuentra intrínseco en ti.

No olvides que la práctica es importante

Esto es algo que he venido mencionando quizás solapadamente desde que inicié este trabajo, hacer trading forex no se trata de un pasatiempo ni un entretenimiento, hacer forex es hacer una nueva carrera en tu vida, son la diferencia que en esta universidad aprendes haciendo, y si de verdad te dedicas aprenderás incluso ganando dinero.

Pero es que ganar dinero y consolidarte en el mundo del forex no es algo que va a suceder como producto de la casualidad, la verdad es que es la práctica es la que hace al maestro.

De acuerdo a estudios importantes se ha determinado que para que puedas ser contado como un profesional en alguna área debes tener un aproximado de diez mil horas acumuladas de experiencia en esta materia, esto una vez más deja demostrado que para poder hacerlo bien debes practicar.

Entonces si en realidad lo que deseas es esto, y lo que quieres es convertirte en un verdadero experto en forex trading, tengo una serie de claves que voy a compartirte.

Clave # 1: Define bien en tu trabajo

Un consejo muy importante que te quiero dar sobre esto es que desarrolles un completo enfoque, y así definas bien el negocio en el que vas a operar, nunca, pero nunca será una buena idea que intentes operar en varios negocios, lo importante al menos mientras solo seas un individuo luchando por tus sueños, que te enfoques en un solo sueño.

Séneca en cierta oportunidad expreso, "quien no sabe hacia dónde se dirige su barco, ningún viento le es favorable". Tratar de hacer todos es la mejor manera de no hacer nada, por lo tanto desarrolla la capacidad de enfocarte y definir qué es lo que quieres hacer, cuál es el rumbo que quieres seguir y al tener esta aspecto resuelto, es momento de avanzar.

Clave # 2: Elige un área por vez

Cada arte y cada oficio está compuesto por una serie de elementos que lo conforman, en este sentido lo que quiero que puedas ver ahora es lograr desarrollar el enfoque pero en un área particular del elemento que es objeto de estudio, por ejemplo:

Ya estamos convencidos que se trata de trading forex, ahora vamos a ver cada aspecto del forex y enfoquemos nuestra mente y nuestra proyección de aprendizaje en cada uno de los aspectos que hay que aprender el forex, en el capítulo dos te deje una serie de elementos que debes aprender y en los que debes desarrollar tu destreza respecto al forex pues en este momento corresponde que dediques tu esfuerzo a cada uno de esos elementos que allí están descritos.

Clave # 3: A practicar

Ya estamos claros en qué es lo que se quiere, pero además conocemos cada uno de los puntos referente a lo que trata todo esto, entonces no queda más que hacerlo una y otra vez, recuerda una cosa importante, no habrá jamás una fórmula mágica por medio de la que, con una varita mágica puedas convertirte en un experto de la noche a la mañana, esto solo será el resultado de una ardua tarea de aprendizaje, de cometer errores, de corregir los errores y cada vez ser mejor.

La tendencia es tu amiga

En el mundo de trading de forex debes comprender un asunto, la tendencia es el llavero que posee la llave que te permitirá abrir la puerta del éxito, por lo tanto, no importa cuántas cosas que puedas escuchar por ahí sobre esto, la tendencia debe ser tu compañera a la hora de si quiera pretender hacer algún tipo de operación.

¿A qué me refiero con la tendencia?

Esto necesita de poca explicación, la tendencia es la dirección que de acuerdo a los indicadores tenga una divisa de bajar o de subir, en los distintos modelos de mercado financiero es importante tener una clara panorámica sobre las tendencias, no obstante, es difícil encontrar un modelo como el forex para poder sacar partido de ambas tendencias, pero todo esto requiere de un ingrediente extra y es el análisis.

Pronto te estaré hablando del análisis y vamos a evaluar juntos como es que este aspecto puede marcar la diferencia entre un buen trader o no

Te he dejado un compendio de los más importantes consejos que debes considerar a la hora de hacer trading forex, para obtener los resultados que todos queremos a la hora de empezar en este negocio, requieres de varios ingredientes, lo primero es el enfoque del trabajo que vas a desempeñar, luego de esto está la determinación de hacerlo, nadie va a ser el vocero de tus sueños de libertad financiera, el único que lo puede ver eres tú.

Pero el ingrediente que falta a todo lo que acabo de

mencionar es la disposición de llevar a cabo cada consejo, cada aspecto de los que le he nombrado en este capítulo, pero es cierto que forex es extenso y lo que hay que saber de este tema lo voy a dejar todo plasmado aquí, por ello sigue conmigo y veamos otra serie de consejos necesarios para hacer un buen negocio de forex.

4

CONSEJOS BÁSICOS PARA HACER FOREX TRADING (PARTE 2)

Ya te he dejado un numero realmente importante de consejos, solo necesitas considerarlos con interés, son realmente importantes, pero he llegado con otra serie de consejos, es que como ya te he mencionado solo quiero que puedas tener la más grande capacidad de hacer frente a todos los posibles inconvenientes que se pueden presentar a la hora de hacer forex.

Depender ciegamente del mar de información que te vas a encontrar por medio de las redes es un acto de ingenuidad, te puedo asegurar que puedes encontrar miles y miles de artículos, cientos de cursos gratuitos a solo un clic de descarga, y otro número impresionante de video tutoriales que te hablen del negocio, del mercado de trading forex, de todo lo que supuestamente necesitas saber, y al final del día solo podrán darte un aporte real en el mejor de los casos de quizás un 10% de lo que debes saber de forex.

Lo que realmente necesitas, dónde radica la verdadera experiencia es en el campo de acción, lo que ahí se vive no habrá video tutorial que te lo aclare, la única manera de saberlo es trabajando, o recibiendo la información de aquellos que ya caminaron por ahí y que te pueden ayudar a que no seas tú quien deba andar por las mismas sendas que ya nos tocó a muchos caminar, por esto te traigo esta serie de consejos que al lado de los que te he dado en el capítulo anterior, son la perfecta alianza de manera inicial para salir airosos en el negocio del forex.

La importancia del análisis

Es necesario que tengas en cuenta lo importante que resulta para este tipo de negocio el tema del análisis, es en este aspecto que debes desarrollar un nivel de enfoque durante toda tu vida como trader, como ha quedado claro el ejercicio de este negocio no depende de una tarea exclusiva que debes hacer para recibir tu cuota salarial en la quincena o la semana, esto se trata de observación y análisis. El análisis de trading posee dos formas, el análisis el fundamental y el análisis técnico.

Estas dos herramientas son aliadas de los trader desde el momento puntual en el que deciden ingresar en el negocio, por ello quiero brindarte la orientación precisa hacia la importancia que tiene hacer una enfoque de estos dos aspectos del mercado financiero.

Análisis fundamental

Este es un estudio que pretende establecer el valor que tiene un producto, (desde luego hablando de productos financieros) lo hace desarrollando un valoración de los diferentes factores que influyen en el precio del mismo, este es un modelos de análisis de carácter bursátil. Los principios del análisis fundamental pueden ser aplicados para valorar otro tipo de productos que no coticen en la bolsa de valores, este método es utilizado fundamentalmente en la valoración de productos financieros.

Por otro lado, este modelo de análisis busca por medio de su implementación, establecer el valor que en teoría debería tener un activo, es decir que trata de definir el precio que se considera el adecuado en el valor de cualquier producto de carácter financiero.

Los elementos que pueden tener influencia en la valorización de este tipo de producto son distintas, por lo tanto para hacer un análisis fundamental hay que evaluar por ejemplo dos tipos de variable, las macro y las microeconómicas. Cuando hago referencia a variables microeconómica estoy haciendo referencia a esos elementos que tiene una influencia directa sobre la empresa y por lo tanto condicionan o afectan directamente solo a la empresa (o el producto financiero con el que participa dicha empresa en el mercado bursátil), mientras que las variables macroeconómicas afectan al sector en el que se encuentra dicha empresa, por lo tanto puede tener influencia en el valor del producto de varias empresas del mismo sector de aquella que es objeto del análisis.

Dicho todo lo anterior hay que entender entonces que existen dos maneras de enfoques que se pueden hacer a la hora de valorar el costo del producto.

- Método top-down
- Método botton-up

Acompáñame a echar un vistazo a cada uno de estos métodos, ver de qué se tratan, y cómo se desarrollan cada uno de ellos.

Método Top Down

Esto es un análisis detallado que se desarrolla en dirección de arriba hacia abajo, ¿Qué quiere decir esto? Lo que significa es que se hace un estudio desde lo general hacia lo básico, en otras palabras crea un enfoque en el orden siguiente, primero lo macroeconómico, y luego lo microeconómico.

Es decir para llegar a sus conclusiones antes que evaluar aspectos directos de la empresa, este busca llevar a cabo un análisis de la economía mundial, luego evalúa aspectos como los países que son más interesantes y con mayor potencial comercial a la hora de invertir, más tarde se hace una evaluación de los sectores de cada uno de dichos países que representan mayor atractivo para llevar a cabo dicha inversión, y finalmente, dentro de los sectores que figuran con mayor potencial se lleva a cabo un cuidadoso análisis para poder determinar en cuál de ellos invertir.

Método botton-up

A diferencia del caso anterior este método va en

sentido contrario, es decir del análisis de los elementos más pequeños hasta los más grande, o dicho de otra forma el enfoque de este modelo de análisis se desarrolla de lo particular hasta lo general, primero se hace una observación del tipo de variable microeconómica y finalmente las macroeconómicas.

En este modelo de análisis lo primero que se hace es una selección de las empresas en las que se observen potencial de crecimiento, más tarde se hace el análisis del sector donde estas empresas llevan a cabo sus operaciones, seguidamente es que viene el estudio de la situación económica en los países donde operan dichas empresa, y por último es que se lleva a cabo el análisis de la economía global.

Para llegar a las conclusiones en este sentido, el analista puede contar con varios métodos a través de los que puede realizar sus consideraciones, y así poder determinar el valor del producto que se encuentra estudiando, por ejemplo puede usar métodos de balance, los métodos que son basado en la cuenta de los resultados, las que se basan en los fondos de comercio entre otros.

Análisis Técnico

Ahora vamos a dar un vistazo al análisis que nos compete a todos los que estamos dentro del mundo del forex y de cualquier tipo de producto financiero, este es el análisis que nos va a ayudar a comprender como es que funciona este mercado, y por medio de los resultados de dicho análisis es que podemos asumir una posición bien sea de entrada o de salida en el mercado. Es decir que el análisis técnico viene a ser la herramienta con la que podemos determinar hacer una buena gestión de nuestra posición en el mercado.

Las cantidades de indicadores para este análisis en realidad son muchos, lo mismo que los patrones reconocibles de los sistemas y técnicas de trading, por lo tanto no es algo que deba quitarte el sueño, todo cuanto necesitas es tener conocimiento en una que otra herramienta, eso sí, que se complementen entre ellas y poner todo el empeño de aprender a utilizarlas a fondo.

No está bien pensar que vas a aprender a realizar un análisis técnico de la noche a la mañana, esto requiere de tiempo y práctica para poder definirse como un especialista en la materia, sin embargo, por lo pronto necesitas conocer algunas herramientas que se complemente bien y aprender a utilizarlas correctamente, el resto, lo que todos anhelamos que es la especialización no se adquiere porqué se tenga un post grado en análisis técnico (aunque no está mal apuntarse) pero esta vendrá como producto de la intensa práctica y desarrollo de la misma.

Ahora bien, los aspectos que debes considerar para lograr el desarrollo de un buen análisis técnico se deben elaborar en base a una serie de pasos, presta atención a cada uno de ellos, pero además ten presente una cosa: es en cada uno de estos pasos, que requieren la aplicación de algo que te mencione hace poco: "un paso a la vez". Por lo pronto solo enfócate en uno solo de estos pasos por vez hasta que lo domines bien.

Paso # 1: Enfócate en los gráficos

Este aspecto es uno de los que al principio puede causar un poco de incomodidad de los nuevos inversores, pero no es que este asunto represente un verdadero problema en sí mismo, solo se trata que encontrarse con estos elementos puede generar cierto nivel de sorpresa por lo nuevo que les resulta, son pocas las personas que antes de ingresar a este modelo de negocios hayan tenido algún tipo de relación con programas de esta naturaleza, pero insisto es solo un asunto de primera impresión, basta con algo de observación y desde luego orientación, y pronto te estarás convirtiendo en todo un experto en evaluar y entender esta herramienta.

Paso # 2: ¿Cómo hacer una buena identificación de resistencias y soporte?

Este es el segundo aspecto en los que debes enfocar toda tu atención, pero para poder identificar, qué es soporte y lo qué sería resistencia, lo primero que quiero que hagamos es evaluar a detalles estos dos elementos.

Al observar las gráficas vas a notar que las líneas pueden subir y luego bajar, bien, en este fenómeno es que se dan los conocidos soporte y resistencia, el punto más bajo de la línea justo antes de darse la vuelta y comenzar a ascender sería el soporte, es decir la base donde se sostiene la pirámide que cada vuelta va desarrollando, mientras que la resistencia es todo lo contrario, el punto más alto que alcanza el indicador antes de comenzar a descender.

¿Por qué fijarse en soporte y resistencia?

Estos dos aspectos técnicos del mundo del trading forex son sumamente importantes para lograr un buen análisis, el soporte refleja un nivel muy por debajo del precio actual, por lo tanto lo que se espera es que la fortaleza del nivel de compras supere al de ventas, este tipo de información te irá dando la orientación necesaria para poder tomar tus decisiones, que de hecho serán las más sabias a la hora de entrar o salir del mercado.

Paso # 3: Interpretando velas japonesas

Este aspecto es uno de los que más miedo ha causado, ya que algunos llegan a creer que interpretar velas japonesas supondrá el equivalente de saberse de memoria todas las direcciones de calles y avenidas de ciudades como Nueva York, pero no hay nada más lejos de la realidad, interpretar estos elementos de los gráficos de forex solo requieren del ingrediente más sensato del ser humano, se llama sentido común, por lo tanto no te hagas tanto rollo, solo enfócate y aprende a relacionarte con esta herramienta, te garantizo que con un poco de práctica comenzarás a sacar partido de estas ellas.

Estos son los tres primeros pasos que debes dar para realizar un trabajo de análisis técnico, por lo pronto debes dedicarle todo el tiempo que sea necesario a la comprensión de estas herramienta, una vez que lo hayas hecho, es momento de fijarte en detalles como los tipos de operaciones, los detalles de las velas chinas como las nieblas de la última vela, y demás.

A través del análisis es que podrás desarrollar un negocio que funciona en base a datos muy claros pero que son evidentemente variables, además te mencionaré otro de los factores en los que un buen análisis tiene resultados adecuados.

El análisis es buen predictor

A través del análisis es que podrás predecir los posibles resultados que se puedan obtener, esto en función del conocimiento que se pueda obtener en dirección a la dinámica que puede desarrollar el mercado día a día, luego de un verdadero, certero y profundo análisis es que puedes llegar al punto de predecir cuál será la conducta que adoptará el mercado, basándose desde luego en aspectos como la tendencia, aunque puede sacar partido de otra serie de circunstancias como los datos que se logran obtener sobre la oferta y la demanda.

Puedes aprovechar valores objetivos

Si de garantía se trata la importancia de la predicción, entonces esta herramienta es en definitiva la más idónea, este tipo de predicción te da enormes garantías, pues esta técnica está basada sobre el elemento más objetivo que existe: el precio, ¿habrá un valor más objetivo que este? El hecho de ser así ya es una garantía que cuentas con gráficos completamente verídicos.

Realiza un seguimiento de las altas y las bajas de las divisas

El epicentro de todos esto son las divisas, no cabe entonces la menor duda que un análisis al aspecto de las subidas y bajadas te van a brindar los mejores beneficios, ya que al entender el mercado y tener una visión objetiva de los movimientos y el comportamiento de las divisas, servirá para tener una visión muy clara sobre hacia donde debe inclinarse nuestra acción.

Disminuirías el margen de error

A más práctica, y más análisis, mayor posibilidad de una visión más clara, de manera que hay un margen muy cercano de tener éxito en los movimientos que realices, no hay manera de negar que la observación detallada y un buen análisis es la manera más seguras de lograr el éxito dentro del mundo de trading forex.

Planea toda tu actividad de trading

Estar planificados es quizás la única forma de poder alcanzar objetivos claros, por lo tanto cuando hablamos de poder planificar la actividad de trading no se trata de otra cosa, es exactamente eso, es poder establecer toda la estrategia por medio del cual vamos a realizar todo nuestro trabajo y fijar una consecución de elementos que serán los que llevarán a cumplir de forma satisfactoria los objetivos trazados.

En este sentido no debes estar preocupado por la metodología de tal o cual inversor, o del gurú que te asegure cual es la manera correcta de elaborar tu plan de actividades, en realidad esto puede variar de un trader a otro, cada uno puede tener su propia estilo para desarrollar su estrategia, pero sobre esta premisa hay que evaluar que existen una serie de consejos, de rasgos generales, que debemos evaluar cada uno de los que llevamos a cabo una estrategia para nuestros trabajos de trading.

Trazar la ruta

Por aquí se debe comenzar, por evaluar en primer lugar el aquí y ahora y luego decidir a dónde voy, para poder lograr un poco más de claridad sobre este asunto sería fundamental que evalúes dos aspectos importantes y las variables de cada una, que te van a ayudar a tener una visión más amplia de la ruta. En primer lugar evaluar el aquí y ahora, y este renglón estaría enfocado en responder estas interrogantes, ¿dónde estoy en este momento? Es decir debes definir qué tipo de trader eres, o en qué nivel de experiencia te encuentras.

Más adelante viene otra interrogante a responder y esta sería, ¿con qué tipo de educación cuentas?, para poder desarrollar un plan sensato debes ser sincero contigo mismo y establecer cuál es el tipo de experiencia que te acompaña, y por último sería determinar el capital que tienes a disposición para desarrollar tu plan de inversión.

El segundo aspecto que se debe estudiar en este punto es a dónde quiere ir, y este asunto deber responder a tres cosas importantes, lo primero es: ¿qué es lo que se propone con la operación que va a realizar? luego debes determinar a dónde quieres llegar con la acción que vas a desarrollar, y por ultimo evaluar, qué resultado es el que espera para poder sentir que la operación ha sido exitosa.

Organiza tu meta

Lo siguiente a todo cuanto he desarrollado anteriormente es convertir ese deseo en una meta, recuerda que un sueño que se queda en la mente no dejará de ser sueño, en consecuencia debes transformar ese sueño en una meta, ¿y cuál es la diferencia? Puede tratarse de lo mismo, pero la diferencia está marcada por el plano en el que se encuentre, así que debes llevarlo al papel, convertir ese sueño en una meta. Esto realmente no es algo que sea tan complicado, solo debes seguir los siguientes pasos.

Paso # 1: Escríbelo

Lleva al plano del papel (virtual o real) lo que deseas alcanzar con dicha operación, si es posible ponle un nombre para que te logres identificar más con el objetivo principal.

Paso # 2: Lleva una bitácora:

Este es el siguiente paso, lleva un buen registro de cada uno de los logros que has ido obteniendo por medio de las acciones que has ido llevando a cabo.

Paso # 3: Lleva un buen control financiero

El aspecto fundamental de cualquier operación financiera es el dinero, las finanzas, por esto es que debes llevar un registro y control de todos tus movimientos financieros, dejar todo este asunto al azar supondría que es mejor regresar al punto inicial y comenzar de nuevo.

Puntos claves de tu plan

Una vez que haya establecido tu plan hay varios aspectos de este que debes mantener en constante evaluación.

- Debes tener en claro cuáles son las motivaciones por las que estás ejerciendo la acción, como hemos visto antes asegúrate que no sea algo emocional, y mucho menos se trate de algún tipo de influencia, solo por poner dos ejemplos
- ¿Cuál es el nivel de tranquilidad que tienes respecto a la posibilidad que algo no salga como lo esperabas?
- ¿Qué tiempo le piensas dedicar a este negocio para lograr los objetivos planteados?
- El nivel de preparación o conocimiento que tienes para lograr tus objetivos

Son todos estos cada uno de los aspectos básicos para planificar tu trabajo de trading, además de la constancia y la práctica, necesitas organización, el orden te va a brindar la posibilidad de hacer estrategias cada vez con mejores características, y desde luego con mejores resultados.

Familiarízate con los gráficos de precios

Quiero que tomes en consideración algo que he venido diciendo, y no de manera casual, sé que esto es un elemento de este tipo de negocio que suele ser intimidante, me refiero al asunto de los gráficos, lo que trato de decir es que no debes permitir que esto sea algo que te intimide, por lo tanto es algo en lo que debes desarrollar incluso pasión, los gráficos resultan ser tus verdaderos amigos en este negocio, en consecuencia vamos a dar un vistazo a este asunto de los gráficos de precios, vamos a empezar por definir qué son y de que se tratan.

Como el mismo nombre lo indica, no se trata de otra cosa más que de una forma de representación, a través de cuadros de gráficos donde vas a encontrar toda una amplia lista de precios de los distintos activos financieros que se encuentran enmarcados en una determinada línea de tiempo, en este tipo de herramientas procesar los gráficos es algo que puedes llevar a cabo de maneras distintas, por un lado tendremos una lista con toda la cantidad de elementos informativos que son de hecho los que vamos a procesar:

- Todos los activos financiero
- El periodo de tiempo que se va analizar, por ejemplo, los días, las semanas, mes, etc.

- Por otro lado se realiza un estudio del proceso de apertura y el período en el que este se va a desarrollar
- De la misma manera se evaluará cuál es el precio de cierre

Esto como regla general, sin embargo, a los elementos que acabo de mencionar debemos agregar otros asuntos como el volumen, el minimo, máximo, etc. La ventaja de tener este tipo de gráficos es que si tratas de manejar toda esta información de manera individual te aseguro que será casi imposible procesar toda esta información, no obstante, al encontrarte con todo esto frente a ti en graficas podrás hacer un compendio de toda la información que debes procesar, y te resultará más sencillo llevar un buen registro informativo al momento, de cada uno de esto aspectos mencionados.

En resumen, lo que vas a encontrar es la posibilidad de observar en tiempo real, es ver el comportamiento de los precios del mercado, o sea, si este sube, baja o se mantiene estable, su objetivo principal es evaluar entonces la manera en que se están comportando los activos financieros.

Los gráficos en realidad están para ayudarnos, es

decir que con ellos se nos pone todo más fácil, por esto tienes que verlo de manera objetiva, al contrario de lo que muchos piensan cuando lo ven por primera vez, que el mundo del trading sería más sencillo sin graficas, te acabo de demostrar una vez más que la realidad es otra, son los mejores aliados para tu éxito como trader.

No olvides las órdenes de "Stop loss"

Ante que todo déjame aclarar que significa esto, el término anglosajón significa "detener perdida", y se trata de una figura dentro del mundo del trading, que de alguna forma brinda la garantía al inversor de seguridad que no habrá perdida en la inversión que planea realizar.

Esta es una orden que no avanza, es decir ella se mantiene en espera entre tanto el precio subyacente de dicho producto financiero alcanza establecerse un precio objetivo, que es previamente convenido por el inversor. Una vez que el producto haya alcanzado el precio que se esperaba, se activa de manera automática para luego enviar al mercado la orden correspondiente bien sea de compra o venta que estaba previamente introducida.

No te excedas con las operaciones en Forex

La vida exige de nosotros un buen balance, y esto en todos los aspectos en los que nos enfoquemos, no obstante el mundo de los negocios pero específicamente el negocio de forex, es importante aplicar este principio sobre operar, ya que hacerlo sin el control debido, antes que ser una oportunidad puede representar un riesgo y un retroceso en tu avance.

Pero antes de presentar cualquier estadística o argumento solo echemos un vistazo a los grandes trader, aquellos que la experiencia los ha llevado a sacar verdaderas y muy buenas ganancias de este negocio, ¿Qué cantidad de operaciones realizan al mes? Basado en esa observación es más que suficiente para convencernos que esto es una muy peligrosa decisión.

Ahora bien, determinar de manera concreta la cantidad de veces que se debe realizar operaciones no es algo que se pueda hacer con puntos específicos, pero contamos con una serie de elementos que te pueden dar una dirección de cuál puede ser el punto de equilibrio.

Lo primero es que consideres que el trading es un negocio que funciona 24 horas por día cinco días por semana es decir de lunes a viernes, lo otro es determinar cuáles son los horarios más indicados para hacer operaciones, los días de la semana que son más activos para cotizar, en consecuencia, los días en que no es para nada recomendable que inviertas.

En base a esta serie de información es momento de preguntarte cuántas operaciones son las recomendables, pero como acabo de decir no se trata de dar un número determinado de operaciones que debes realizar, más bien se trata de seguir ciertos elementos direccionales que te brindarán la información necesaria de cuantas debes hacer.

En este punto lo que corresponde es evaluar el time frame, este te ayudará a evaluar la cantidad de operaciones que puedes realizar de manera mensual, y el resultado de esto se debe a que la dinámica de los más pequeños resulta ser mucho más rápida que la de aquellos time frame mucho más grande, por este motivo este te dará mayores oportunidad para llevar a cabo tus operaciones.

Pero más importante que lo anterior tiene que ver es con el estilo de trading que estas desarrollando, hay unos trader que prefieren hacer swing trading, esto en el time frame diario, haciendo un uso de la acción de precios, por este motivo la cantidad de operaciones será completamente diferente a las que suele desarrollar un trader que prefiere llevar a cabo escalping en los time frames menores

Ten cuidado con la avaricia

Esto puede guardar de alguna manera relación con el consejo anterior, sin embargo, puede darse que en el caso anterior se haga más por desconocimiento que por avaricia, pero desde luego debes tener un especial cuidado de no permitir que sea la avaricia la que te lleve a realzar tus operaciones, ya que este sentimiento es el peor consejero y te puede llevar a cometer las más grandes imprudencias.

La avaricia y la ambición no son sinónimos, partamos de aquí, la ambición (que también puede corromperse) es el deseo de llegar más lejos pero partiendo de una idea de progreso, el deseo de cada vez crecer en la vida y hacer las cosas que sea necesario para una vida mejor, por ejemplo, quien invento el primer avión tenía el deseo y la ambición de transportarse de manera más rápida, esta ambición lo llevó a planificar una meta que le ayudaría a mejorar este aspecto de su vida. Pero por otra parte, la avaricia no es más que un deseo muy difícil de controlar, de obtener cada vez más y más riquezas sin un fin más que el de atesorar esas riquezas.

Para dominar este mal debes primero dar un vistazo al tema del ego, pues la avaricia no es más que un descontrol del ego que ha llegado a convertirse en egocentrismo, por esto es que te recomiendo ten cuidado de no caer en este estado, porque te garantizo que le restará inteligencia a tus inversiones y solo lo lamentarás luego.

Ya es preciso cerrar este ciclo de muy buenos consejos, recuerda una última cosa, el enemigo del aprendizaje es la soberbia, de manera que si en realidad quieres hacer toda una carrera en este negocio, debes dejar porque sí cualquier vestigio de soberbia, debes permitir que te tomen de la mano y te lleven paso a paso por cada uno de los distintos caminos que debes andar.

En consecuencia más que estrategias, consejos de amigos, ¿qué te van a ayudar? claro que sí, te vas a librar de dar una cantidad de tropiezos innecesarios, no te estoy garantizando ni prometiendo que no tendrás tropiezo, pero claro que lo tendrás, no obstante tomar con determinación estos consejos y su buena ejecución es más que suficiente para librarte de una multitud de peligrosos errores.

5

CLAVES PARA ELEGIR UN BUEN BRÓKER DE FOREX

Te he mencionado algunos de los aspectos acerca de bróker, con ello ha quedado claro que un bróker es un intermediario entre dos partes que van a hacer un negocio, es decir el bróker es el que se encarga de establecer la conexión entre ambas partes: el comprador y el vendedor.

En relación a esto, en medio del mundo de mercado financiero vas a encontrar esta figura, que en este caso se refiere a una plataforma a través del mundo web que te ayudara a hacer las negociaciones, ahora bien, obtener un bróker es realmente una tarea muy sencilla, pero lo que puede no resultar para nada sencillo es elegir el bróker necesario o el más aconsejable.

Hablar de bróker puede llevar al imaginario de alguien la idea que se trata de algo que siempre tendrá el mismo aspecto y la funcionalidad, y esto a rasgos generales podría ser casi real, no obstante, entre un bróker y otro pueden resultar diferencias realmente enormes, por lo que no es prudente dejarlo sin analizar. Para poder hacer un buen estudio sobre este asunto hay una serie de interrogantes que hay que realizarse.

¿Cuán seguro son?

¿Cuánto cuesta operar con ellos?

Déjame ponerlo más claro, el bróker opera de manera virtual, por lo tanto la empresa que te presta servicios de bróker es en realidad una página web, aunque dichas empresas tienen oficinas en varias partes del mundo, en consecuencia se trata de un programa que en algunos casos operan directamente online mientras que en otros puedes hacerlo descargándote un software a tu computadora, teléfono o ambas.

Este software te va a brindar una serie de herramientas por medio de las que vas a llevar a cabo todas las operaciones, y es inicialmente en estas herramientas que hay que poner la atención principal, pues estas herramientas son las que facilitarán el trabajo del trader, dando así la oportunidad que las acciones ejercidas por el mismo sean de mayor calidad, estas son las principales herramientas que debes evaluar en el bróker que vayas a elegir.

- Cotización de los más importantes pares de divisas todo esto en tiempo real
- Gráficos importantes sobre el comportamiento del mercado
- Noticias destacadas del mundo de las finanzas a nivel mundial
- Variedades de herramientas que te permitirán realizar los análisis técnicos
- Un importante registro de las operaciones que se van realizando con la plataforma
- En algunos casos se encuentran integrados los sistemas de automatización del trading

Está claro que muchas de estas herramientas pueden variar de un bróker a otro, es decir algunas pueda que estén en unos y en otros no, pero pueda que estas posean otras herramientas que no están mencionadas aquí, pero hay algunos detalles en los que debes poner tu atención a la hora de elegir un bróker, y mi recomendación es que evalúes la posibilidad de que estos estén incluidos en tu plataforma bróker: asegúrate que el diseño de la pantalla incluya un resumen de la cuenta en la que desde luego esté incluido el saldo de la misma.

Otro elemento que debes prestar atención y asegurarte que esté incluido, es que te permita ver las perdidas, lo mismo que las ganancias latente, el margen con el que tengas disponibilidad, además de las posiciones abiertas, no pierdas de vista el apalancamiento y asegúrate de igual manera que cuentes los cargos de rollover en las posiciones abiertas. Por ultimo necesitas encontrar en el diseño de tu plataforma los informes de rentabilidad.

Estos aspectos son principales, pero no son los únicos hay que ver aspectos como la funcionabilidad, la practicidad y otros elementos, en esta dirección voy a ampliarte todo el panorama sobre los bróker y para ello te voy a dar a lo largo de este capítulo las claves necesarias para que la tarea de elegir un bróker sea mucho más sencilla.

Clave #1: Seguridad y fiabilidad

Debes recordar una cosa, el bróker será la plataforma en la que vas a depositar tu confianza, y esto se traduce que es allí que vas a depositar tu dinero, el bróker como mediador te va a solicitar una cantidad mínima de dinero para que comiences a opera en el mercado, algunas lo piden en dólares, en otro caso se tratara de euros, el piso de lo que debes utilizar para llevar a cabo tus operaciones lo va a determinar cada bróker, (sobre esto hablamos en breve), pero lo que quiero resaltar es que vas a poner tu dinero en manos de "desconocidos".

Pero no solo eso ellos son los que van a manejar tu dinero, por lo tanto es poco racional que elijas un bróker sin tomar en cuenta los detalles importantes como el tema del dinero y otros elementos que requieren de seguridad y tu especial atención, dicho esto no queda más que aprender a distinguir entre un bróker que brinda garantías y te da seguridad, y uno que puede ser algo dudoso, sigue los siguientes consejos en esta dirección.

Debe estar debidamente regulado

Este es la primera característica que hace que un bróker sea completamente confiable, la regulación por parte de los organismos sancionatorios y reguladores del mercado financiero alrededor del mundo, estos son los árbitros que están pendientes que este tipo de empresas y plataformas desarrollen un trabajo confiable, de manera que el margen de encontrarte afiliándote a un bróker que puede terminar por ser una estafa baja considerablemente.

¿Cuáles son los organismos de regulación de los bróker?

En realidad son muchos, estos operan imponiendo las reglas dentro de los países de origen, pero la manera en que logran ejercer la presión sobre el buen desempeño de cada uno de los bróker aunque no estén situados dentro de su áreas geográficas, es que estas plataformas al realizar operaciones que involucren a los países de origen de dichos entes reguladores, estarán sujetos a asumir las reglas que se imponen en esos países, a continuación te voy a mencionar los más importantes.

Comisión nacional del mercado de valores: España (CNMV)

Este organismo inició sus trabajos a mediados del año 1988, su sede principal se encuentra en la ciudad de Madrid, y es el ente que se encarga tanto de hacer las correspondientes supervisiones, lo mismo que se encarga de inspeccionar los distintos mercados de valores del país europeo.

Este es uno de los organismos que se consideran más estrictos en el sector financiero, su responsabilidad está en mantener el orden dentro de los mercados financieros, por este motivo, los bróker que se encuentren regulados por este organismo están sujetos a las estructuras legales de España.

Financial Conduct Authority: Inglaterra (FCA)

Este organismo que opera de manera independiente fue creado en el año 2013, ha cumplido un interesante trabajo en la protección de los consumidores, lo mismo que el mercado financiero, esta tiene como función principal asegurar el buen funcionamiento de las empresas bien sea grande o pequeñas

Eidgenössische Finanzmarktaufsicht: Suiza (FINMA)

En el año 2009 fue que esta entidad comenzó a llevar a cabo sus operaciones, considerada una de las más estrictas del mundo, opera desde suiza, al igual que en los casos anteriores esta tiene como misión asegurar que las empresas del sector de finanzas tal como es el caso de los bancos, o bróker entre otros, puedan ser reguladas de manera que manejen buenas practicas con sus actividades financieras, este trabajo lo desempeñan con tanto compromiso que en el años 2016 inició una serie de investigaciones por algunos bancos por presuntamente incurrir en algunas acciones de ilegalidad, por esta razón acarrearon serias sanciones por parte del FINMA.

Cyprus Securities and Exchange Commission (CySEC)

Este es el organismo de Chipre, igualmente reconocido como uno de principales y más estrictos organismos en materia de seguridad financiera, desde el año 2001 opera en Chipre, convirtiéndose en una de los organismos más importantes y de gran influencia.

Estas son las principales entidades regulatorias, ojo, no son las únicas hay munchas más, sin embargo, estas son las más importantes, de manera que al ver un bróker que está siendo regulada por ellas puedes tener la seguridad que estás al frente de un bróker con un amplio margen de garantía que se trata de un bróker seguro.

Evalúa la opinión de los usuarios

Esta es otra de las características que debes evaluar con mucha atención, se trata de ver los foros donde los que son o fueron usurarios de dicha plataforma aportan información valiosa, por ejemplo hay bróker de socialtrading en el que podrás evaluar los comentarios, y los resultados del mayor número de usuario, ese tipo de información es realmente importante para determinar el nivel de seguridad.

Comienza con cautela

En todo caso siempre será importante evaluar de manera personal el nivel de seguridad de la plataforma, por este motivo te recomiendo que vayas llevando a cabo un procedimiento lento para que evalúes por ti mismo los resultados, el tema de los retiros del dinero y todos los aspectos que sean importante, para asegurar que es exactamente la plataforma que necesitas para desempeñar tu trabajo de trading forex.

Clave #2: Depósitos mínimos

Este es el segundo aspecto en el que tienes que poner tu atención, y esto justamente porque guarda especial relación con elementos como el capital con el que vas a ingresar en el negocio, recuerda que la inversión inicial debes procurar a toda costa que sea bastante modesta, no debes apresurarte, por ello la recomendación es que elijas un bróker que te permita trabajar con cantidades modestas, existen todo tipo de bróker, desde las que te exigen como cuota mínima para operar 2000 dólares hasta las que te obsequian algún pequeño capital para que comiences a ejercer operaciones.

Vamos a ver una lista brevemente de los principales bróker del mercado y a su vez evaluamos la cantidad mínima que exigen de divisas para poder comenzar a operar en el mercado.

XBT

Una plataforma veterana en el mercado del trading, altamente recomendada por la comunidad de usuarios, que además cuenta con la solidez de ser una de plataforma regulada por organismos como CNMV, la FCA, y la IFSC, lo que le brinda un blindaje magnifico, sin duda que es una muy buena opción a la hora de elegir, la cantidad mínima para obtener acceso a ciertas operaciones es de cero, es decir puedes hacer tu usuario a este bróker incluso sin hacer ningún deposito, y además tienes la posibilidad de trabajar con cuenta demo.

Plus 500

Este bróker posee una serie de elementos que son realmente importantes e interesantes para los nuevos inversionistas, por ejemplo cuenta con una cuenta demo de manera ilimitada, lo que te puede servir para ir practicando el tiempo que sea necesario hasta que aprendas a dominar el mercado y estés listo para ingresar a realizar tus primeras acciones dentro del negocio, por su parte el hecho de contar con regulaciones de los organismos más estrictos también lo convierte en una gran oportunidad por todo aquello de la seguridad, la FCA, la CYSEC y la ASIC, serían los organismos encargados de evaluar el comportamiento de este bróker, en cuanto a la cuota mínima de inversión en esta ocasión está situada en la cantidad de 100 dólares.

Etoro

En el caso de Etoro es uno de los más importantes de la actualidad, en primer lugar por el tema de la seguridad, cuenta con importantes regulaciones de los organismos internacionales, pero otro elemento que lo hace muy atractivo en asuntos de seguridad es la cantidad de usuarios que hacen uso de esta plataforma, una de las comunidades más grandes de usuarios de bróker en el mundo es Etoro, igualmente puedes disfrutar de una cuenta demo de manera ilimitada, y te permite ingresar con una cuota mínima de 200 dólares.

Pepperstone

En lo que se refiere a la inversión mínima de esta plataforma encontramos que puedes ingresar con una cuota de 100 Euros, además en temas de regulación este bróker esta igualmente blindado, cuenta con la observación de entes reguladores como la FCA y la ASIC, disfrutas también de una cuenta demo pero en este caso es por tiempo limitado.

Esto es solo una muestra de las distintas plataformas (apenas una pequeña muestra) a las que puedes tener acceso, ingresar en el mundo de los negocios nunca fue tan fácil, todo lo que necesitas es evaluar cada detalle y en base a esos detalles tomar las más inteligentes decisiones, pero aún hay más cosas por analizar de estos bróker, ¡avancemos!

Clave #3: Variedad de activos, y plataforma

En capítulos anteriores mencioné que el mundo del forex es un mundo de muchas oportunidades en el que puedes sacar provecho de la volatilidad del mercado, pero para contar con una mayor posibilidad de ser parte de ello, posiblemente necesitaras operar en varios tipos de activos, por lo tanto uno de los aspectos que hay que considerar del bróker es con cuántos activos opera, pero sin dejar el tema de los derivados y por supuesto la plataforma de trading.

En el listado anterior te he mencionado algunos de los bróker principales, de hecho en ellos vas a encontrar los mejores pares de divisas, incluso vas a encontrar oportunidades interesantes como operar en el mercados de las criptomonedas, lo importante es que evalúes al momento que te vayas a hacer de los servicios de cualquiera de estos bróker, que hagas una evaluación muy personal de los distintos pares de divisas con los que opera.

A continuación te daré una lista de algunos bróker que te pueden servir o bien como guía o puedes elegir uno de ellos, siempre quedará a tu decisión, te dejaré la información más detallada posible sobre este asunto.

- Plus 500 opera con 70 pares de divisas, y las plataformas de trading que te ofrece son Plus 500 webtrader
- XBT opera con más de 50 pares de divisas y en cuanto a las plataformas te ofrece X Station y MT4
- E toro te ofrece más de 40 pares de divisas para tus operaciones, a su vez que te permite

operar con la propia plataforma desarrollada por la misma empresa, y que funciona ciento por cien on line, de manera que no requiere descarga

- XM por su parte te ofrece 57 pares de divisas, y en lo referente al tema de la plataforma te permite operar con MT4 y MT5

- Bróker como Markets.com opera con 51 pares de divisas y puedes trabajar el trading con las plataformas Webtrader Sirix, MT4 y recientemente acaba de lanzar su propia plataforma MarketsX

- IG es un bróker que trabaja con más de 50 pares de divisas, y cuenta con su propia plataforma para trading web

Son solo algunas de las muestras de la cantidad de bróker que hay en el mercado y que cada uno de ellos tiene estas particularidades, de manera que solo resta que comiences a realizar tu propio estudio de investigación para que logres determinar cuál es la que se ajusta a tus necesidades y vayas desarrollando la inclinación por una de ellas.

Clave # 4: Comisiones y spreads

Este aspecto es algo con lo que debes tener mucho cuidado, pero sobre todo en el caso de ser principiantes, ya que de no tener una idea clara de los diferentes tipos de comisiones a los que te puedes exponer con determinados bróker, puedes terminar por exponerte a riesgos de perdida y desde luego no has llegado a este negocio para perder, por lo tanto una vez que tengas en la mira tú posible objetivo como bróker, no lo tomes sin antes evaluar esta información tan importante, existen varios tipos de comisiones y te los quiero mencionar ahora a fin de que tengas el conocimiento de cada uno de ellos.

Comisión por compra venta

Esta comisión es la principal que muchos bróker aplican, y esto porque como sabemos los bróker son solo el intermediario de la negociación, por lo cual al fungir como un intermediario este suele aplicar su cobro de comisión por el papel que está ejerciendo, el mecanismo que aplican los bróker es una tarifa basada en el costo de la operación, salvo aquellas operaciones en las que la inversión suelen ser bajas, los bróker aplican entonces una cuota mínima.

El spread

Esta es de igual forma muy normal que se cobre en

el ejercicio del trading, de hecho esta figura de comisión se encuentra presente en el forex, al igual que en muchos de los mercados financieros, como por ejemplo el de acciones, pero ¿Qué es el spread? Esto es solo el diferencial, es decir la diferencia que hay entre el precio que tiene una compra y el precio de la venta.

Vamos a ver cómo funciona todo este asunto, asumamos el caso en el que un bróker nos ofrece un precio para hacer compra de un par de divisas (por ejemplo el par EUR/USD), con un valor de 1,1555, es decir, que esta cifra representaría el valor correspondiente en USD por parte de EUR, en el caso que tengamos la intensión de hacer la compra del par de divisas, cada uno de los euros que vayamos a adquirir tendrá que ser cancelado a ese precio en dólares.

Pero además de lo anterior, ofrece la oportunidad de vender la misma divisa, pero en este caso tendría una venta algo inferior a costo de la compra entonces estaría en 1,552.

Frente a este ejemplo, observamos que realizar la compra siempre es más caro que vender, es esta una de las maneras en que los bróker obtienen parte de sus ganancias.

Comisión fija por la operatividad

Este tipo de comisiones son una figura que algunos bróker imponen solo por el hecho de la realización de operaciones, es decir, es una tarifa impuesta por el bróker en la que se establecerá desde el comienzo una cuota fija, en este caso no estará determinada por el costo de la operación, sino que ante el valor cualquiera que este tenga, se deberá pagar la misma tarifa, de hecho hay algunos casos en que se hace el cobro de ambas comisiones, la tarifa fija y el spread, pero esto generalmente está supeditado al caso de las cuentas cuya inversión mínimas suelen ser altas, o sea la cuentas para profesionales , o al menos para personas más experimentadas.

Prima nocturna

Esta tarifa que también la puedes encontrar con el nombre de swap, requiere una especial atención de lo contrario se puede escapar de las manos ya que es una comisión que se suele cobrar cuando se realizan operaciones que dura de un día a otro, pero igualmente si la operación dura varios días la comisión será cobrada por cada día.

Por lo general estos son los modelos de cobro principal que suelen hacer los bróker, no obstante hay otros modelos de comisiones que pueden aparecer con cada uno de ellos, por lo tanto corresponde a que tengas mucho cuidado o puedes correr el riesgo de terminar pagando una cantidad exagerada de comisiones sin darte cuenta de donde aparecieron, por lo que de debes tener la precaución de leer las letras pequeñas del contrato.

Clave #6: Atención al cliente

Este es el último aspecto que debes evaluar del bróker que vayas a elegir, cuál es la capacidad de respuesta que tiene el bróker con el cliente a la hora que este requiera atención de la empresa, muchas de estas plataformas tienen presencia en algunos países, por lo que uno de los aspectos que debes evaluar principalmente es el nivel de cercanía que puede existir con la empresa.

Desde luego que casi todos bróker cuentan con una forma de respuesta vía correo electrónico, incluso algunos casos respuesta inmediata por medio de chat en la misma plataforma, pero contar con una oficina cerca de ti puede ser de mucho provecho.

El bróker será el compañero de camino con el que andarás a partir del día comiences a trabajar en este negocio, por lo tanto debes procurar un bróker amigable, que sea fácil de comprender, pero que te pueda brindar bajas comisiones y cuente con el producto financiero con el que vas a trabajar, por lo tanto elige bien y el camino hacia la cima en este negocio será mucho más fácil.

6

ESTRATEGIAS DE FOREX TRADING
PARA PRINCIPIANTES

Trabajar realizando trading no tiene una formula específica, no se trata de un método que solo lo haces y ya obtienes resultados, cualquiera de las modalidades que apliques o de los productos financieros con los que decidas trabajar van a requerir que utilices ciertas estrategias, y hablar de estrategia supone que se trata de algo más que una sola estrategia, sino que pueden haber varias y obtener buenos resultados.

Las buenas estrategias son el resultado de una muy buena observación, de manera que para llegar a diseñar las tuyas es importante pero necesario que te mantengas en una constante práctica, la tendencia es la que irá determinando la estrategia que vas a llevar a cabo, por lo tanto debes observar con detenimiento los indicadores y el comportamiento del mercado, y sobre ello ir desarrollando tu estrategia.

Ahora bien, desarrollar una estrategia no es del todo tarea fácil, sin embargo no es algo que no se pueda llevar a cabo de buena manera con algo de práctica, no obstante no hay una mejor manera de obtener algo de experiencia que a través de la observación y del ejemplo, por esto, antes que comiences a desarrollar tus propias estrategias, quiero regalarte algunos ejemplos de alguna de las tantas estrategias que puedes desarrollar en el forex trading, ha llegado el momento de convertirte en trader.

#1: Estrategia de trading de rompimiento

Esta es una de las estrategias más prácticas para los casos de principiante, pese a que llevarla a cabo puede resultar al principio un tanto complicada, solo necesitarás algo de esfuerzo y dedicación , una vez que hayas logrado tomar el control de ella será realmente muy sencillo llevarla a cabo, quiero advertirte que hay un enemigo exclusivo tanto de esta como de cualquiera de las que te voy a mostrar más adelante, y se trata de la impaciencia, recuerda que estás en un proceso de aprendizaje, llenarte de ansiedad y en consecuencia de impaciencia, no hará otra cosa que entorpecer todo el proceso, así que préstame atención, debes mantener la calma.

Preparación de la estrategia

Para llevar a cabo esta estrategia requieres primeramente establecer las condiciones adecuadas del mercado, dichas condiciones requieren un nivel donde no se muestre movimientos importantes en los precios, pero además de esto la volatilidad es baja. Para poder descubrir esta situación tienes la posibilidad de hacer un uso de una media móvil simple, es decir de 200 periodos, en lo que corresponde a la temporalidad de un día.

El período de 200 a lo que se está refiriendo es a un año completo de desarrollar trading, de manera que para poder hacer las correctas medidas de dichas condiciones, estarías tomando como punto de referencia la media anual, ahora bien hagamos un trabajo mental, hazte una idea de los niveles de precio de cada uno de los lados de esta media móvil, teniendo como costo base los precios del par de divisas, añádele a esto la volatilidad promedio.

Cuando el valor de un par de divisas esté por encima o por debajo de la media que se ha establecido, es ahí donde se da la señal de rompimiento.

Entrada al mercado

En el mismo instante que se presente una vela que esté por encima del rango de precios que habíamos evaluado anteriormente, es esta la señal que indica que se debe abrir una orden, veámoslo de una manera más clara, asumamos un caso hipotético en el que el rango de precios es de 50 pips la señal sería justo en el momento que se presente una vela de 50 pips o más.

Entonces la operación se maneja así, si la vela se ubica por encima del nivel superior, la orden que se abrirá es de compra, pero en el caso contrario, es decir si la vela atraviesa el rango inferior lo que se debe hacer es vender.

Salida del mercado

Cuando hablamos de la estrategia de trading de rompimiento, vamos a encontrar que el stop loss la media móvil es exactamente igual, es decir simple de 200, en el caso que los precios retornen a la SMA de 200 periodos, existe en este caso particular la posibilidad que el rompimiento no haya sido real, de manera que el mercado mantiene el rango o tiene las pretensiones de cambiar completamente la tendencia, en consecuencia es momento de salir del mercado.

Todos aquellos principiantes pueden sacar una gran ventaja de poner en práctica estas estrategias, en primer lugar por lo fácil que representa el aprendizaje del mismo, y más aún lo sencillo de su aplicación, pero hay otras que quiero que me acompañes a ver.

#2: Estrategia de seguimiento de tendencia

En este caso estamos frente a una de las estrategias más sencillas de forex, esto se debe a que los precios durante mucho tiempo se mantienen en tendencia, lo único que tienes que hacer a partir de este momento es aprender a identificar bien las tendencias del mercado, y así poder sacar provecho de todas las oportunidades.

Preparación de la estrategia

Lo primero que debes realizar es aplicar una media móvil de 200 períodos, esto en un gráfico de una hora con el fin de poder descubrir si el mercado se encuentra en tendencia, en el caso dado que el precio permanezca cerca de EMA, esto solo significa que el mercado está en rango, pero cuando se da el caso contrario, la clara señal que esto está arrojando es que el mercado ha entrado en tendencia por lo tanto las condiciones están dadas, es momento de aplicar la estrategia.

Entrada al mercado

En el momento que el mercado tenga una tendencia hacia la alta, debes abrir una orden de compra, esto en el mismo instante que el precio llegue a tocar la banda superior.

Salida del mercado

En este tipo de estrategia el stop loss debe establecerse en la banda de bollinger que resulte contraria a la que dio inicio a dicha operación, cuando se trata de una orden de compra el SL se ubicaría en la banda superior pero cuando se da la venta se debe establecer en la inferior.

Enfócate en estas dos estrategias y practícalas de continuo, son muy sencillas y por ello te las recomiendo en este momento, sin embargo, quiero recordarte que a la medida que vayas desarrollado la experiencia estarás más cerca de encontrar tus propias estrategias.

7

RECOMENDACIONES FINALES

Ya estamos en la recta final de este tiempo maravilloso que hemos pasado juntos, pero la verdad de todo esto es que lo bueno apenas está por comenzar, sé lo enriquecedor que es un buen libro cuando estamos por empezar dentro de este negocio, sé lo importante que es encontrar una voz que nos guie y nos vaya instruyendo paso a paso, para tratar de cometer la menor cantidad de errores posibles.

Por el momento lo que corresponde es que estés listo para lo que está por venir, entrar en el negocio de trading forex puede ser la puerta de entrada a una vida mejor, sin embargo esta posibilidad tiene un porcentaje muy alto de probabilidades que se cumpla gracias a ti, más que al negocio, a los principios, a las estrategias, al capital, más que cualquier cosas va a depender de ti, debes comenzar a enfocarte en tres aspectos importantes y realmente determinante para que el forex se haga tu amigo, tu gran oportunidad y no en una posible causa de decepción.

Determinación, sino estas convencido y decidido a llegar lejos con este negocios, pues no te recomiendo ni que te acerques, no lo hagas, dedícate a otra cosas, pero si en realidad estas completamente convencido y decidido a ir cada vez más y más lejos a levantarte ante alguna caída, a corregir alguna acción errónea, entonces quiero decirte que estás en lugar indicado.

Lo segundo que debes desarrollar es disciplina, estamos hablando de un tema que es verdaderamente preocupante, se llama las finanzas, no puedes abrir un bróker y mandar sin cuidado alguno todo tu dinero a la inversión, asumiendo una actitud altiva como el que se las sabe todas y mete ahí sus únicos mil dólares y le dice a la esposa, "tranquila amor en quince días esos van a convertir cinco mil", así no funciona el mundo de las finanzas, este mundo requiere de cálculo, estudio, análisis y observación.

Por lo tanto no llegues a querer hacer trading de forex sin antes no haber realizado un balance sensato de tus cuentas, tus deudas, cuanto es lo que realmente dispones, pero además, si no has practicado estrategia, no te has puesto a observar el comportamiento del estado, pues debo reconocer que no estás listo.

Por ultimo constancia, he aqui la tricotomía perfecta, la persona de doble animo jamás llega a ninguna parte, el inconstante es siempre aquel que busca una excusa para abandonar porque rápido se aburre de todo, pero si busca excusas para no hacer, ¿Qué pasaría si tiene "razones"? es más que evidente que en la primera experiencia un tanto difícil deja todo tirado y se va por otro rumbo.

Las características de un triunfador en el mundo del forex son estas que acabo de mencionar, así que: ha agudizar cada vez más los sentidos de triunfador y manos a la obra. Para culminar todo este trabajo de la forma más certera quiero darte las recomendaciones finales que junto a estas tres que acabo de mostrarte serán el complemento que necesitas para convertirte en el trader que sé, es más estoy convencido que vas a ser.

No poner en riesgo tu capital, invierte lo que no temas perder

En varias oportunidades lo he dicho, invertir por necesidad es un error, si estas en problemas financieros no es para nada una buena idea hacer inversiones, en primer lugar los niveles de ansiedad ante el potencial peligro de que algo salga mal y quedes completamente en banca rota van a acabar con tu tranquilidad.

Mi amigo Joaquín se encontró en esta situación luego de muchos años de ser un exitoso comerciante, algunas particulares circunstancias lo llevaron a una crisis económica severa, esto al punto que quedó sin nada de capital y sin negocio, lo bueno es que mi amigo había establecido muy buenas relaciones de gente de negocios que seguro estarían dispuestos a tenderle la mano.

De hecho así fue que mi amigo "Juaco" logró que un viejo amigo y ex compañeros de negocio le hiciera un pequeño prestamito de 5000 dólares, la intención (según los cálculos de juaco que tenía larga experiencia en el comercio), era poder montar un pequeño y modesto café para ofrecer aperitivos por la tarde, un lugar muy modesto, con un servicio igual de modesto.

Además del dinero que consiguió prestado este asumió otras deudas, por ejemplo algunos arreglos como pintura, reparaciones eléctricas y fontanería en se las hizo otro amigo bajo promesa que al primer mes de trabajo saldaría de la deuda con este, y por ultimo asumió una serie de compromisos al adquirir a crédito algunos electrodomésticos.

A la vuelta de un mes el café había cerrado y mi amigo solo había incrementado su bancarrota, una regla de oro en el mundo del mercado de finanzas es: "nunca te endeudes para invertir", eso es lo mismo que hacer una casa y no ponerle bases.

Por lo tanto en el negocio del forex debes asegurarte de no hacer inversiones con miedo, la forma de iniciar en este mundo de negocios es haciendo ingresando con un capital que no temas perder, ¿entonces voy a perder o ganar? Alguien dijo en un oportunidad, "si quieres la paz, prepárate para la guerra", si quieres ganar prepárate para perder. Considera estos tres consejos financieros para que inicies correctamente en este negocio.

Consejo # 1: Organiza tu economía

Haz una evaluación exhaustiva de tu vida financiera y comienza a practicar una "limpieza" de la misma, ¿Qué quiere decir esto? No empieces este negocio sin antes saldar tus cuentas pendientes, (desde luego que se hace una salvedad sobre los elementos particulares como los pagos de hipoteca o cuota de vehículos) pero lo que si debes considerar es que todos esos gastos estén bajo control, por lo demás debes eliminar todas las deudas innecesarias y disminuir los gastos suntuosos

Consejo # 2: Acumula un capital

Una vez que tengas una economía limpia y saludable llega el momento de comenzar a desarrollar el capital con el que vas a entrar en el negocio, en este punto ya debes saber cuánto es lo que quieres invertir, así que es momento de hacer tu plan financiero para comenzar a acumular tu capital, si tienes cosas de valor que no necesites y puedes venderla para acelerar el proceso, mucho mejor, debes enfocar todo el esfuerzo necesario en alcanzar tus objetivos y nada debe detenerte.

Consejo # 3: Duplica el capital

¡Sorpresa! Esto es una recomendación muy personal, es el escenario ideal, lo que vas a invertir debe ser un extra, debes desarrollar desapego, debes eliminar el miedo a perder, de hecho no tener miedo a perder puede ser la garantía de ganar, por ello quiero que este capital no represente nada para ti.

Consejo # 4: Ten a la mano tu primera estrategia

Ya debes decidir cuál es la estrategia que vas a llevar a cabo para tu primera acción de trading, no puedes permitir que nada te tome por sorpresa, por ello debes estar listo y decidido de qué manera vas a entrar en el mercado.

Consejo # 5: Invierte solo el 50%

Una vez más ¡sorpresa! Estoy muy interesado en que de verdad no sientas ningún tipo de preocupación por el capital que debes invertir, por ello tu primera acción a realizar la vas a llevar a cabo solo con un 50% de tu inversión planificada, que a su vez sería el 25%, vas a estar muy tranquilo, estoy seguro podrás pensar con más tranquilidad y esa tranquilidad te servirá para tomar decisiones más inteligente.

Tener un plan bien definido

Como te mencioné hace un momento antes de llevar a cabo tu primera inversión debes tener la estrategia completamente lista para poder entrar con seguridad, no te permitas ningún tipo de improvisaciones todo debe estar bien calculado.

Ya te he dejado en el capítulo anterior un par de estrategias que te recomiendo lo tomes como punto de partida dentro de forex, pero no descartes la posibilidad de hacer observaciones de otros trader, mira sus estrategias observa cada detalle que llevan a cabo, pero sobre todo debes observar los resultados que obtienen, y en base a esos resultados está muy bien replicar las acciones, por ello es que recomiendo que el bróker que vas a utilizar en la medida de lo posible sea un socialtrading

No quieras comprarte la casa y el Jet privado antes de empezar

Querer acumular una fortuna está muy bien, pero querer que esto suceda de la noche a la mañana es realmente un pensamiento algo insensato, no hay posibilidad de saltarte pasos y llegar a la cima sin haber pasado antes por todo el proceso, la única manera seria apostar a la suerte y poner tu futuro en manos de la lotería, siempre recuerdo a mi abuela que decía "el que juega por necesidad, pierde por devoción".

Dentro de una relación en la que hay una infidelidad, muchas veces suele herir más las falsas expectativas que la traición como tal, el problema con esperar más de los que en realidad va a recibir genera un profundo estado de frustración en las personas, por lo tanto querer más de lo que vas a recibir es una de las maneras más eficaces de perder rápidamente la motivación.

Esta es una de las principales razones por la que a diario encontramos por todas partes personas despotricando sobre cualquier cosa pero sobre todo en el caso del forex, toda la frustración la tratan de lanzar sobre un sistema que quizás no tenga ni un tanto de culpa de no cumplir con las expectativa que tenía.

Pude ver el caso de uno de mis más cercanos amigos, este vivía en una pequeña ciudad de costumbres muy modestas, luego de estudiar en una academia de cocina logró establecerse en uno de los más importantes restaurantes de aquella pequeña localidad, en poco tiempo llegó a ser el mano derecha del chef y su salario doblaba el de cualquiera de los cocineros antiguos del lugar, de hecho este llegó a ser el sous chef en poco tiempo, por lo que estaba bien honrado con su asignación salarial.

Tras algún tiempo decidió que quería irse a una de las más grandes ciudades del estado, donde de seguro en un gran hotel ganaría mucho dinero, la ecuación era muy fácil, si en ese pequeño pueblo tenía un salario tan bueno de seguro en un hotel 5 estrellas sería mucho mejor, sin embargo solo fueron falsas expectativas.

Todo cuanto consiguió fue un puesto como ayudante, horarios de trabajos y jornadas enloquecedoras, un salario mucho más modesto que el que tenía en su pequeña ciudad, lamentablemente unas expectativas erróneas terminan por arruinarlo todo, de manera que ajusta tus sueños, tus deseos y tus pensamientos con la realidad.

Leer, formarte, practicar y analizar

He visto una persona que realmente me ha generado una tristeza en la vida, se trata de aquel que logró cierto nivel de lo que sea y ya está convencido que tiene todo lo que necesitaba en la vida, los he visto tan enfermos al punto que se convencen que tienen todo el derecho de hacer alarde de lo que han "logrado" cuando en realidad el único logro es el de incrementar los niveles de soberbia a estados estratosféricos.

Lo lejos que puedas llegar en este negocio estará determinado por el nivel de compromiso que tengas contigo mismo y con tu fututo, por lo tanto debes tomar con seriedad lo anterior y estudiar, pero el estudio real, no el que vas a hacer en una academia para obtener un grado, sino el que aplicas en la vida para tener sabiduría.

Y quiero hacer un alto en este punto para aclarar, que no tengo nada en contra de los estudios académicos, solo que la enseñanza, el aprendizaje no podemos encasillarla en una estructura educativa, sino que quiero que haya un entendimiento claro que este negocio funciona en solo a la medida que sus participantes tomen la determinación de aprender, ¿qué importa si es por academia y que importa si es autodidacta, lo que realmente importa es el nivel de determinación de aprender de verdad.

Estudiar por tu cuenta tiene sus propios beneficios, y quiero que los sepas para que le des la importancia que esto tiene, y desde hoy te declares en un estudiante sin retorno.

- Un autodidacta es un estudiante que puede aprender mucho más rápido, ya que los niveles de motivación son muy altos, esto será razón fundamental por la que el proceso será corto y mucho más eficaz
- Aprendes a tu propio ritmo sin prisa pero sin quedar atrás

- Te enfocas en lo que realmente necesitas aprender
- Desarrollar su autoconfianza

Esto es lo que hace tan interesante el trabajo de los estudios autodidactas, que vas al ritmo que necesitas, por lo tanto es importante que te enfoque en ello, pero esto igual requiere una organización sistemática te, diré como:

Enfócate en lo más importante

En otras palabras prioriza, debes hacer un plan de estudio, qué es lo que necesita mayor atención y sobre eso vas a enfocar todas tus energías, un paso a la vez, en este nivel necesitas experimentarte en cosas puntuales, por ejemplo enfócate en estudiar estrategias, análisis, tipos de análisis entre otros.

Conviértete en un devorador de libros

Todo cuanto aparezca del tema en el camino, devóralo, de todo hay siempre algo que aprender bien sea libros virtuales o físicos, esfuérzate en darle todo el impulso a tu intelectualidad posible, al punto que puedas llegar a ser una referencia en la materia, mientras más sabes mayores son las posibilidades de hacer ganancias en este negocio, por ejemplo una de las tendencias que está en la palestra en este momento es la posibilidad de hacer copytrading, con la que tras convertirte en un experto puedes vender algunas de tus estrategias, por lo tanto se convierte esto en una manera de ganar comisiones extras en un corto tiempo.

Aprende de los que saben

Este es otro medio eficaz para poder desarrollar tu conocimiento en materia de trading, observando las estrategias de otros, aprovecha el bróker que elijas y saca partido de las habilidades de quienes cuentan con más experiencia que tú.

Todas estas recomendaciones son las acciones necesarias para triunfar en el trading forex, por esta, quiero que entiendas una cosa, nada de lo que sucede en el mercado financiero en cualquiera de sus ramas esta dado al azar, todo está perfectamente calculado, quienes hemos logrado establecernos en este medio, es porque han prevalecido principios como los que a lo largo de este material te he venido compartiendo, por lo que te recomiendo arduamente, dale sentido a este trabajo.

Nunca hagas trading por que otro te haya querido influenciar, esto es un error garrafal, de hecho la recomendación inicial en este sentido es que trabajes a muy bajo perfil solo con la asesoría de algún experto, sin embargo, ni este experto debe tener algún tipo de influencia en tus decisiones.

Desde luego que sí es importante que valores los consejos y orientaciones que te puedan estar brindando trader profesionales más experimentados, pero al final del día las acciones que vayas a ejercer que sean bajo tu absoluta y completa libertad y voluntad.

Enfócate en su solo activo

No cometas el error que muchos han venido llevando a cabo, y muchas veces por lo mismo que acabo de mencionar hace un momento, "la influencia", llega alguien que ha desarrollado su negocio en otro tipo de activo, con su sutileza a mostrar las bondades tratando de hacerte tomar acción. No es que estén mal otros activos, es que requieres enfoque, en este punto particular de la historia que estas escribiendo necesitas enfoque, ese enfoque es el que te hará un profesional.

Debes respetar el mercado

No está bien ser tan ingenuo y pensar que todo está más fácil de lo que pensabas, incluso hay momentos en que el mercado se comporta bondadoso con nosotros, pero jamás pienses que esto es producto de haber descubierto la debilidad del sistema, solo es un poco de suerte o de buenas decisiones, eso está muy bien pero dejar de sentir el respeto adecuado puede ser una trampa autoimpuesta, míralo siempre como lo que es, una gran herramienta que requiere de una gran destreza, pero que ella misma te ofrece la destreza necesaria para que lleves a cabo las acciones necesarias.

Una visión objetiva sobre el mercado, y sobre todo de respeto, hará que entre el mercado financiero y tu haya una relación agradable, que pienses en el como un aliado y no como un gigante.

No le temas al mercado

Así quiero terminar este capítulo, cerrando con la idea que he venido plasmando en tu vida desde el principio, todo se trata de equilibrio, no tienes que subestimar el mercado, pero tampoco tienes que temerle, solo debes reconocer en él un gran aliado.

El mercado financiero promete una cosa, y esto es seguir creciendo y seguir ofreciendo oportunidad de que saques una parte de la ganancia, la realidad es que esto es como una gran ola, puedes tomar tu tabla y surfearla, o puedes quedarte en la orilla a ver como termina por aplastarte, ¿qué es lo que piensas hacer frente a esta panorámica?

Lo mejor de todo no es lo cada vez más grande que es este negocio, sino lo accesible que se hace a la par de su crecimiento, las bondades que te ofrece, estoy completamente convencido que el mercado financiero te exige, pero te puedo asegurar una sola cosa, lo que da, es mucho más de lo que tú puedas dar, en consecuencia, ¿en qué lugar de la película quieres estar, del lado de los protagonistas o seguirás siendo solo un espectador? ¡Tú decides!

CONCLUSIÓN

El trading es una de las maravillas modernas, tener la posibilidad de entrar en un mercado tan interesante como este es algo que unos pocos años atrás ni siquiera se habría imaginado, sin embargo en este momento se ha convertido en una de las más grandes opciones para todos aquellos que quieren disfrutar la libertad financiera, pero para cerrar todo esto, es importante dar un vistazo más de cerca a este asunto.

¿Qué es la libertad financiera?

En la mente de muchas personas ha estado la idea que la libertad financiera es tener mucho dinero, sin embargo me gustaría poder desmentir esto, conozco una cantidad de personas que tiene mucho dinero y no tienen libertad financiera, ¿no es contradictorio esto? La libertad tiene varias características y una de las principales es que no andas luchando por ella, o eres libre o eres esclavo, y una persona que ha logrado acumular en sus cuentas algo de dinero, incluso mucho dinero, pero siguen siendo esclavos de él, cada día viviendo presos de sí mismo perdiendo la vida por acumular cada vez más y más dinero.

Son estas personas que entran en cualquier negocio y de no ver resultados de manera inmediata dejan todo y se van tras otra cosa que le dé resultado en tiempo record, estos son los que no duran mucho tiempo haciendo trading.

La verdadera libertad financiera es la que te permite disfrutar la vida, es esa en la que al salir el sol disfrutas de un nuevo día, en el que vas a luchar por alcanzar nuevos objetivos, vas a desarrollar nuevas estrategias de trading para seguir triunfando en el mercado, pero disfrutando de vivir, de la familia, viviendo sin ansiedad sino disfrutando de cada triunfo de cada victoria, y desde luego aprendiendo de los errores y de los fracasos.

Es eso lo que ha hecho que muchas personas vuelquen su mirada al trading, lo primero es que no se trata de un negocio cerrado, sino que hay todo un abanico de oportunidades sobre el cual puedes voltear tu mirada, hay muchas opciones que te pueden resultar útiles basado en tus prioridades, pero también dependiendo del capital con el que quieres trabajar.

Entre todo el abanico de productos financieros aparece el mercado de divisas o mejor conocido dentro del trading como forex, esto es uno de los productos más atractivos dentro de este mercado financiero, a lo largo de las líneas ha quedado demostrado las razones por las que este negocio es tan atractivo, la razón principal es el enorme mercado que esto representa, la cantidad de divisas que se mueve en el mercado del forex es verdaderamente impresionante.

Pero hay otra gran realidad, y es que el forex es un oficio que ha recibido de todo, tanto elogio como críticas, y en base a esas opiniones muchos han llegado a ver este negocio como algo peligroso para las finanzas, y esto no en vano, es fácil tener este tipo de percepción cuando una persona ha desarrollado la costumbre de seguir las opiniones de otros en lugar de evaluar de manera personal las propias razones por las que un tema en particular le puede parecer bueno o malo.

No obstante, lo que realmente sucede es que forex suele ser mal interpretado, muy a menudo por personas que no se han preparado de manera correcta en este negocio terminan por salir despotricando del negocio cuando la verdad es que quiso hacer jovial algo que realmente es una profesión y requiere de toda la seriedad que amerita este asunto.

"Forex trading para principiante" ha sido la oportunidad de despejar todas esas dudas, descubrir la verdad de este negocio tan productivo es una de las tareas que me tracé a la hora de traerte este volumen, primero que nada te dejé toda la información que se necesita saber sobre forex, cada uno de los capítulos está diseñado en descubrir aspectos realmente importantes y relevantes sobre este tema de negocio.

Recuerda todo lo que has evaluado en el primer capítulo, sobre todo el tema de las razones por las que el forex es un gran negocio, incluso te acabo de mencionar que todos los mercados financieros son atractivos y en realidad representan una enorme oportunidad para todo aquel que quiera ingresar en el mundo de la inversión y el mercado de finanzas pueda hacerlo, no obstante, la manera de entrar en este negocio para nuevos inversores es y será sin duda alguna a través del forex.

Entre todo lo que evaluamos, hay algunas razones muy objetivas por la que el forex se compone como la oportunidad de muchos de entrar en el mundo de las finanzas, por ejemplo lo fácil, el tiempo que brinda para estar con mi familia, la ventaja de aprender de forma fácil y todas las oportunidades que da este mercado lo hace sumamente atractivo.

En este mismo capítulo te deje todos los beneficios de hacer forex de manera que, repásalo bien y puedas despejar cualquier duda que tengas, finalmente pero no menos importante te deje una lista de las figuras que puede llevar a cabo el trading de forex, entre los que estás tú, es que ingresar en este negocio carece de cualquier complicación para llevarlo a cabo, solo debes tener un buen equipo de computación y una determinación de acero por lograrlo.

Luego nos encontramos con un capítulo importante, el enfoque fue los primeros pasos que debes dar a la hora de ingresar en el mundo del forex, no importa cuán lejos pretendes ir al momento que decides ingresar a desarrollar este negocio, sino te preparas para dar un primer paso lo suficientemente firme será verdaderamente difícil que logres cualquier objetivo real.

Todo proceso de la vida requiere de un periodo de preparación, de estudio, de análisis, esto al punto que puedas desarrollar las nociones necesarias para que lo que vas a emprender sea una meta completamente cumplible, en este sentido el segundo capítulo es eso, los medios de preparación como antesala para desarrollar el forex trading.

Es cierto que el trading es sumamente accesible pero además es real que una vez que se han adquirido las destrezas necesarias se puede convertir en un oficio realmente sencillo, sin embargo iniciar sin la orientación precisa es como caminar con los ojos vendados, es posible y de hecho te recomiendo que hagas tu mayor esfuerzo no solo por llevar a cabo los principios que te he dado si no que puedas a manera personal encontrar medios educativos que te permitan ampliar significativamente el conocimiento.

Pero de todo lo anterior hay un detalle que nunca debes olvidar y es que la experiencia es la que te ira dando la mayor escuela de formación y que te irá convirtiendo en cada vez más experto, muy a pesar de todo el conocimiento que puedas adquirir, y además de todos los consejos que yo te pueda dar en esta oportunidad, la posibilidad de cometer algún error esta latente, debes estar listo para ello, por eso la serie de consejos que te he dejado apuntan en una sola dirección, "ten una buena relación con los errores".

No está mal equivocarse, y es que debes estar seguro que tarde o temprano vas a cometer errores, todos en la vida los hemos cometido, pero debes mirarlos desde una óptica muy objetiva, cometer errores es necesario, lo único que no debes es rendirte por uno que otro error que puedas estar cometiendo, esas es la verdadera escuela y esa es la que te va a garantizar el verdadero éxito, y como todos hemos cometido alguna vez uno u otro error, lo mejor que puedes hacer es no olvidar la lista de consejos que te dejé tanto en el capítulo tres como en el cuatro.

Un consejo está mostrando dos características de la vida humana, una debilidad y una fortaleza, por ello cuando te dije no involucres tus emociones, déjalas fuera, es porque en el momento que lo hice los resultados fueron devastadores en mi negocio, pero a su vez se traduce que con el enfoque necesario pude dejar ese vicio que entorpecía mi negocio y me llevaba a ser menos eficaz.

Poder superar el enojo, la avaricia, incluso la alegría de los buenos resultados me ha permitido desarrollar la madurez que hoy día tengo para poder realizar acciones más inteligentes en mi negocio, y por supuesto no cometer los mismos errores, porque aunque se haya logrado la mayor de la experiencia, en algún punto de la historia se cometen errores, es que mientras sigamos vivos seguirá sucediendo, y muy a menudo solemos excusarnos como si esto realmente solucionara algo.

Errar es la expresión más amplia que indica que somos seres humanos, pero errar siempre en la misma dirección expresa aún más nuestra condición de testarudos, asegúrate por lo tanto de no cometer los mismos errores.

No olvides los consejos que te dejé expresados en el capítulo 5 sobre la herramienta que te ayudará a llevar a cabo el trabajo de trading, se trata de tu bróker, el bróker es como el cuchillo al cocinero, o quizás como el bisturís al médico, el bróker es la herramienta por excelencia del trading.

Si esto es así, como es que se lo ocurre a alguien que con solo entrar en la web y descargar cualquier bróker habrá cumplido con la faena, esto es una ilusión, no se debe ser tan irresponsable, este es el forjador de tu futuro, entonces debes estudiar, debes poder definir cuál es el mejor.

¿Pero cuál es el mejor bróker?

Responder esa pregunta estará irremediablemente condicionado por mi experiencia, recuerda "los juegos del hambre" cada quien entraba con el arma que se sentía mejor para luchar, entonces no tiene tanto que ver con la herramienta (aunque sí hay algunos con características más interesantes que otros) pero estos asuntos son en realidad pocos objetivos para ti será mejor alguno que quizás para mi es algo arcaico, y tus resultados objetivos pueden ser mucho mejores que los míos porque te has compenetrado a la perfección con esta herramienta.

Por ello te invito que hagas la prueba, evalúa cada uno de los bróker y haz las comparaciones correspondientes, yo fácilmente puedo decirte que "XTB on line trading" es el mejor, ¿pero en qué está basado mi juicio? Desde luego que está condicionado por la experiencia personal que tengo sobre la materia, me gustan sus características, sé que puedo operar en más de 50 pares de divisas, me brinda confianza nunca tuve problemas con las plataformas de trading MT4, de hecho me fascina el funcionamiento de este bróker, estoy completamente satisfecho con las comisiones y muchas cosas más.

Pero un momento, no pierdas algo de vista de acuerdo a las estadísticas más del 70% de los nuevos inversores en esta plataforma han perdido su dinero, ¿por qué pasó esto? Yo ni sé, la verdad no tengo idea, lo que te puedo decir es que para mí ha sido la mejor de todas, ¿la cogiste? En este sentido nada está dicho, solo toma los consejos que ya leíste y ponlos en práctica.

Es que todo en este negocio consiste en práctica, por ello si algo puedo darte como referencia es que elijas una cuenta con demo para que puedas practicar mucho y si el demo es ilimitado, pues mucho mejor, aun con el demo comienza practicando las estrategias fáciles que te dejé en el capítulo seis, hazlas una y otra vez hasta que en esa simples estrategias te conviertas en un experto, al igual que el do, re, mi, fa, sol, la, si, del nuevo músico que más tarde hará gran destreza y galantería de sus sostenidos y bemoles en tiempos de fusas y semicorchea.

Así que dile no a la prisa ve con paciencia, llevando

paso a paso por ejemplo las recomendaciones finales del capítulo 7, disfruta de la virtud de la paciencia y goza de los beneficios que ella arroja ¿cuáles son? El éxito está destinado para todas las personas que están decididas a esperar.